A SUBJETIVIDADE DO TEMPO

Uma perspectiva transdiciplinar do
Direito e da Democracia

M827s Morais, José Luis Bolzan de
         A subjetividade do tempo: uma perspectiva transdi-
    ciplinar do Direito e da Democracia / José Luis Bolzan de
    Morais. — Porto Alegre: Livraria do Advogado;
    Santa Cruz do Sul. RS: Edunisc, 1998.
         124p. 14x21cm.

         ISBN 85-7348-075-0

         1. Relação de trabalho. 2. Teoria do Direito.
    3. Direito. 4. Sociologia jurídica. I. Título.
                              CDU 331.104
                                   34
                                   340.12

         Índices para catálogo sistemático

    Direito
    Relação de trabalho
    Sociologia jurídica
    Teoria do Direito

    (Bibliotecária responsável: Marta Roberto, CRB 10/652)

JOSÉ LUIS BOLZAN DE MORAIS

A SUBJETIVIDADE DO TEMPO

Uma perspectiva transdiciplinar do Direito e da Democracia

livraria
DO ADVOGADO
editora

EDUNISC
Editora da Universidade de
Santa Cruz do Sul

© José Luis Bolzan de Morais, 1998

Capa
João Luis de Oliveira Roth

Projeto gráfico e diagramação de
Livraria do Advogado / Valmor Bortoloti

Revisão de
Rosane Marques Borba

Direitos desta edição reservados por
LIVRARIA DO ADVOGADO LTDA.
Rua Riachuelo, 1338
90010-273 Porto Alegre RS
Fone/fax: (051) 225 3311
E-mail: livadv@vanet.com.br
Internet: http://www.liv-advogado.com.br

Em co-edição com
EDUNISC - Editora da Universidade de Santa Cruz do Sul
Av. Independência, 2293
96815-900 Santa Cruz do Sul RS
Fone: (051) 717-7461 - Fax: (051) 717-1855
E-mail: edunisc@editora.unisc.br
Internet: http://www.unisc.br

Editora
Helga Haas

Comissão editorial
Helga Haas - Presidente
Wilson Kniphoff da Cruz, Eduardo Alexis Lobo Alcayaga,
Eltor Breunig, Eunice T. Piazza Gai, Míria Suzana Burgos,
Sabino da Silva Porto Junior e Sérgio Schaefer

UNISC - Universidade de Santa Cruz do Sul
Reitor
Luiz Augusto C. a Campis

Vice-Reitora
Helga Haas
Pró-Reitor de Pós-Graduação, Pesquisa e Extensão
Wilson Kniphoff da Cruz
Pró-Reitora de Graduação
Luci Elaine Krämer
Pró-Reitor de Administração
Vilmar Thomé

Impresso no Brasil / Printed in Brazil

Aos trabalhadores . . . todos nós!

Deus! Como é triste a hora quando morre . . .
O instante que foge, voa, e passa . . .
Fiozinho d'agua triste . . . a vida corre . . .

Florbela Espanca,
Hora que passa

Sumário

PREFÁCIO - *Luis Alberto Warat* 9
NOTAS DO AUTOR 13
INTRODUÇÃO 19

Capítulo Primeiro
O homem com o tempo contado: considerações preliminares . 25
1. A transformação do trabalhador: fragmentos de um processo 25
   1.1. A revolução maquínica 27
   1.2. Do olhar e outros controles 31
   1.3. A via espiritual para... o gozo futuro 38
2. Lazer, palavra triste 42
   2.1. Os tempos de um tempo único 45
3. Do labor como método de trabalho... ou vice-versa 53
   3.1. Do trabalho e do labor ao trabalho como labor 54
      3.1.1. Da semântica e outras falas 55
      3.1.2. O trabalho como labor 57

Capítulo Segundo
Em busca do tempo perdido 61
4. Caminhos difusos... rumos certos 64
5. Sonhar acordado 76

Capítulo Terceiro
O tempo da democracia 85
6. O vir-a-ser democrático 87
7. Das regras e das normas 98

CONCLUSÃO 109
BIBLIOGRAFIA 117
POSFÁCIO - Democracia e transdisciplinidade: um encontro fecundo. Notas a "A Subjetividade do Tempo" *Maria Luiza Furtado Kahl* 121

Prefácio

José Luis Bolzan de Morais é o expoente mais recente de uma longa tradição de brilhantes teóricos de Santa Maria. Basta lembrar José Augusto Brilhante Ustra - *in memoriam* - Nelson Jobim, Nilo Bairros de Brum, Mauricio Berni, Vera Regina Pereira de Andrade e Luis Ernani Bonesso de Araujo, entre outros. Com destaque, gostaria de citar Leonel Severo Rocha, que já pode ser considerado um dos maiores expoentes da Filosofia do Direito brasileira, em seu sentido mais profundo. Um verdadeiro filósofo do Direito que contrasta com o acúmulo de improvisados "repentistas" que se dizem filósofos do Direito porque fizeram um leitura veloz de três ou quatro livros.

Bolzan de Morais é um jovem pensador do Direito que já provou, em seus livros e escritos anteriores, em suas pesquisas e em seu trabalho na sala de aula, que está dentro do grupo dos que pensam com profundidade a Teoria do Direito e suas relações com as demais ciências sociais.

O livro que você, leitor, tem em mãos é uma prova a mais do que afirmamos acima. Poderíamos dizer que é um de seus primeiros trabalhos, onde já antecipa a fibra de sua produção intelectual atual. Trata-se de sua dissertação de mestrado apresentada e aprovada com distinção e louvor na Pontifícia Universidade Católica do Rio de Janeiro, onde tive o prazer de participar de sua banca examinadora.

Foi um trabalho pioneiro para a época de sua realização, há quase dez anos atrás. Nele, José Luis mexia com autores como Guatari, Deleuze, Foucault e outros malditos do pensamento francês. A partir de suas leituras, Bolzan apresenta uma discussão que tem como ponto marcante a retomada de um longo debate que cerca as ciências sociais - a questão do tempo, inserida naquilo que ficou conhecido como *questão social*.

No trato desta matéria, o autor prioriza a relação que pode se estabelecer entre os diversos momentos do tempo, em particular as relações entre tempo de trabalho e tempo livre, ou, se preferirmos, entre trabalho e lazer.

Para isso, retoma algo que é fundamental, a definição mesmo dos espaços temporais, de seus vínculos, da definição de trabalho (diferenciando-o de labor), chegando, assim, à rediscussão das conseqüências que advêm para a construção de uma subjetividade para o homem, a qual nomeia capitalística - o que permanece, apesar das transformações que ocorreram, como tal até hoje, e talvez este seja um dos motivos pelos quais apoiamos a sua publicação neste momento, particularmente no Brasil, onde a emergência de um neoliberalismo devastador propõe constantemente a revisão da questão do trabalho e dos direitos sociais, sem aprofundar um debate que nos permita tomar uma posição pelo menos mais consciente.

O autor maneja alguns conceitos fundamentais para compreendermos o que passamos e, até mesmo, para entendermos muito daquilo que continuamos a sentir.

Neste trabalho, é bom que se diga, já temos presente alguns dos elementos que o autor vai permanecer manejando até hoje - e isto pode ser percebido em suas obras *Do Direito Social aos Interesses Transindividuais, O Estado e o Direito na ordem contemporânea* e *A Idéia de Direito Social. O Pluralismo Jurídico de Georges Gurvitch*. A base de boa parte de suas preocupações passa, desde este trabalho, pela necessidade de reconstruirmos uma nova relação de ser-estar no mundo, seja no mundo do trabalho, seja nas relações de consumo, seja em nossa interação ambiental, etc.

Assim, a publicação desta obra permite tomarmos contato com a origem do pensamento deste autor, além de permitir-nos retomar algumas leituras passadas que foram deixadas de lado, mas que fazem parte de uma tradição intelectual que oportuniza compreendermos muito daquilo que ocorre no mundo contemporâneo, evidentemente que com todas as nuances que se fazem necessárias, as quais Bolzan tem muito presente, basta que atentemos para suas manifestações escritas ou orais mais atuais.

Finalmente, quero ressaltar que este é um livro onde se pode converter num gozo o tempo livre do leitor. Ler este livro não é um tempo perdido.

Ilha de Santa Catarina, abril de 1997.

Prof. Tit. Dr. LUIS ALBERTO WARAT (UFSC)

Notas do autor

A publicação deste trabalho significa, mais do que a edição de um texto acadêmico, de certa maneira, o fechamento de um ciclo de estudos que se expressa tornando público nossa iniciação nas lides da pesquisa jurídica. Portanto, o significado deste trabalho diz com as bases de nossa formação que, muitas vezes revista e outras tantas revisitada, torna reconhecíveis as influências teóricas que estão na base de nosso pensamento.

Como tal, este é um texto histórico e, por isso, datado. E, assim, deve ser recebido e lido, considerando-se todas as mutações ocorridas neste período.

Por outro lado, a opção por sua publicação significa riscos que assumimos e que reconhecemos.

Na realidade, os riscos que corremos, com sua vinda a público neste momento, são suportáveis na medida em que a pretensão que temos é a de expressarmos e tornarmos possível ao nosso leitor a compreensão de nosso trabalho ao longo de nossas pesquisas iniciadas nos anos 1980, em um primeiro momento como monitor de iniciação científica e, após, como aluno do Curso de Pós-Graduação em Ciências Jurídicas da Pontifícia Universidade Católica do Rio de Janeiro - PUC/RJ -, onde obtivemos nosso título de Mestre em Ciências Jurídicas e do qual provém este texto.

É este trabalho que pretendemos dar a conhecimento público através desta publicação.

Aceitamos fazê-lo por dois motivos básicos.

O primeiro deles diz respeito ao já expresso acima, ou seja: a percepção, ao menos parcial, de que a sua publicidade permitirá a compreensão da trajetória que vimos perseguindo e que se concretizou com a edição do texto *Do Direito Social aos Interesses Transindividuais. O Estado e o Direito no Estado Contemporâneo* pela Livraria do Advogado, e de inúmeros textos esparsos onde buscamos algo que se fez central em nossos trabalhos: o debate acerca da questão social e dos direitos que a especificam, bem como da caracterização do Estado Contemporâneo.

O segundo está ligado ao nosso entendimento de que as circunstâncias históricas atuais permitem-nos dizer que, apesar de o tempo transcorrido entre a feitura deste trabalho - finais dos anos 80 - e sua publicação agora (1998), há uma atualidade imanente ao mesmo, a qual coloca, talvez, ainda, a sua temática como uma daquelas para as quais se voltam as preocupações que nos atingem cotidianamente, bastando acompanharmos o debate europeu, e particularmente, o francês, acerca da redução da jornada de trabalho, proposta em vários textos, e o debate parlamentar na França, relativo ao projeto de lei de 35 horas de trabalho semanal proposto pelo governo socialista.

Assim, o debate acerca da *questão social* faz parte - talvez mais do que muitos prefeririam - da ordem do dia, particularmente quando nos defrontamos com as pretendidas transformações (neo)capitalistas - ditas neoliberais - buscadas levar a efeito nos mais diversos países da arena mundial, com as conseqüências por muitos já sentidas e com as reviravoltas por muitos já experimentadas.

O texto deve, então, ser recebido e lido - por aqueles que por ele se aventurarem - nesta dupla perspectiva. Uma, como um testemunho de nossa formação e de nossas preocupações; outra, como a recuperação de uma temática que acompanha permanentemente a sociedade moderna.

O *tempo*, e suas dimensões, se apresenta como elemento central de nossas existências. Seja como demarcador de datas, seja como limite biológico, seja, ainda, como organizador do nosso cotidiano.

É neste sentido que nos apropriamos dele para intentarmos uma discussão que considere a importância de seu domínio para a construção de uma sociedade que se caracterize pela possibilidade de montagem de um espaço democrático.

Revisitando alguns temas clássicos ligados à história do trabalho e das classe(s) operária(s), pretendemos reconstruir os vínculos cotidianos da vida do *homo faber* em uma *sociedade do trabalho* e dos mecanismos que organizam o seu dia-a-dia na tentativa de constituirmos um esboço compreensivo acerca das relações que se possam estabelecer entre *trabalho, tempo e democracia*.

É por estas razões que optamos por manter a versão originalmente escrita, apenas fazendo, aqui e ali, algumas considerações de ordem secundária, tão-só para adequar e/ou noticiar algum acontecimento mais significativo. De resto, não há alterações.

II

O trabalho se apresenta, assim, composto de três capítulos.

O primeiro deles - *O Homem com o Tempo Contado* - visa recuperar a discussão que se refere à transformação do homem - trabalhador - com a modificação produzida pelo processo de produção assentado na máquina e no sistema fabril, propondo uma composição entre os diversos *tempos* do cotidiano sob o influxo preponderante daquele destinado à produção, ao trabalho.

No segundo capítulo - *Em Busca do Tempo Perdido* - revisitamos a própria partição do cotidiano dos homens em vários tempos, tomando como paradigma alguns conceitos propostos por Felix Guattari - tais como: capitalismo mundial integrado, subjetividade capitalística, etc. -, por Claus Offe - e.g. infantilização burocrática -, entre outros, na perspectiva de verificação das possibilidades de constituição de uma resistência aos modos dominantes de temporalização, pela busca de espaços de autonomia.

Por fim, no último deles - *O Tempo da Democracia* - preocupamo-nos em tentar atrelar as possibilidades de construção de uma sociedade democrática ao influxo de um conceito de democracia que pressupõe a possibilidade de uma cidadania que se constitua desde a reconstrução dos espaços vitais do ser humano. Uma democracia que vá mais além de um ato simbólico de "depósito" da cidadania na urna, no momento do voto.

III

É em razão destas circunstâncias que temos a pretensão de dizer que há, apesar do *tempo* transcorrido, uma contemporaneidade naquilo que segue estas páginas. Apesar das transformações tecnopolíticas que experimentamos, as possibilidades democráticas parecem, muitas vezes, se esvaírem diante das pretensões messiânicas de certas *seitas* político-sociais que vêem no fim da história a consagração de um projeto político que se constitui pela construção de um homem adequado às necessidades da máquina e de sua lógica. As possibilidades tecnológicas parecem, a cada dia, supor - ou construir - um amálgama mais rígido de necessidades e interesses.

A constituição de novos interesses - como os ditos *transindividuais*(tema que enfrentamos em nosso livro *Do Direito Social aos Interesses Transindividuais*) - frutos, muitas vezes, do próprio processo tecnológico, pode permitir supor, eventualmente, a revigoração de nossas expectativas, pela reintrodução do caráter de *solidarieda-*

de no cotidiano dos indivíduos, e na reconstrução de espaços públicos democráticos.

É com este sentido que esperamos sejam consumidas estas páginas e, mais do que tudo, com o perdão do tempo passado.

Santa Maria, RS, abril de 1997.

Introdução

Introduzir o leitor a uma elaboração teórica, seja um texto, seja uma disciplina, implica na abertura de algumas portas e no fechamento de outras ou na sua não-ocupação. Não, necessariamente, sua ocultação.

A tentativa de uma determinada compreensão teórica, por outro lado, impõe a opção por um caminho a seguir, embora isto não signifique a inexistência de caminhos diversos que levam a entendimentos distintos, próximos ou não.

Talvez aqui esteja a singularidade de uma concepção que não se pretende única, total e definitiva. Talvez seja isto que separa uma "introdução a algo", que oculta algumas portas, daquela que se assume na perspectiva de alguma(s) dela(s).

É este o traço que perpassa o conjunto deste texto, ou seja: a tentativa de implementar a intersecção do conjunto de relação de trabalho com o processo estrutural de uma postura democrática. Trata-se, enfim, de uma crítica ao modelo de civilização, a partir da questão laboral.

A formulação correspondente ao requestionamento, à recolocação em pauta, da conhecida problemática da "questão social", desde que se perceba a correlação existente entre ela e todo um projeto de regulação, não só das relações profissionais-trabalhistas, mas e sobretudo, das relações intersubjetivas de um projeto vivencial global, se inclui nesta trajetória.

Ter-se-ia, assim, o retorno ao debate, daquilo que, como no caso do Brasil, a partir dos anos 1930, em especial, representou a assimilação do tempo humano às necessidades de um modelo de incorporação das grandes massas a um protótipo do viver modelador do ser-estar no mundo, a que chamaremos "subjetividade capitalística".

O traço característico desta obra é marcado, portanto, pela revisão teórica das relações existentes entre trabalho-tempo (cultura, civilização) -democracia, desde um referencial que permita a busca dos comprometimentos que se estabelecem a partir de visões constritivas da perspectiva humana, o que se poderia chamar de "produção de morte cotidiana"[1].

Para tanto, poder-se-ia tomar como referencial o filme "A Classe Operária Vai ao Paraíso" (direção de Elio Petri), onde se mostra o processo de amoldamento a que se sujeita(m) a(s) massa(s) operária(s) vinculada(s) ao processo fabril. Além do rígido esquadrinhamento imposto pela máquina, pelos contramestres, além das imposições de consumo, além das cotas, etc., é mostrada uma duplicidade de formas de relacionamento e embate. Sindicalistas (de resultado!) e estudantes propõem "modelos" próprios. Aqueles que estão implicados diretamente no processo de produção percebem-no, no geral, como necessário à garantia de um tipo de Estado, social, de bem-estar, *Welfare state*; de outro lado, aqueles mediatamente ligados ao sistema produtivo percebem-no já sob o véu de uma estrutura global que, à custa da felicidade, acena com a satisfação de "necessidades" materiais ao custo de uma passividade que lhes permita seguir o seu caminho, encobrindo suas conseqüências destrutivas, tanáticas.

---

[1] Cfe. Heloisa R. FERNANDES. *Temporalidade e Subjetividade*. in: O tempo do desejo. p. 30.

No meio deste quadro, permanece, como ponto básico e crucial, a resolução da questão da democracia que, mesmo nas sociedades ditas tardo-capitalistas, se coloca na ordem do dia. Há variações, sem dúvida, se pensarmos em relação aos países periféricos. É óbvio que a solução em maior nível das desigualdades materiais deve ser contabilizada. Todavia, isto não significa que necessitem ser tomadas como "a priori" para uma redefinição da democracia: de um projeto acabado para um caráter utópico, não como sonho irrealizável, mas como prática cotidiana de engajamento, como ideal para onde caminhar, sem a pretensão de chegar a um ponto definitivo.

"O tempo, sendo dimensão essencial do ser, o constitui: através dele, os controles minuciosos do poder conseguem penetrar o homem. O poder, se articulado diretamente sobre o tempo, realizando seu controle e sua utilização, consegue a sujeição completa do indivíduo. A partir daí, o sujeito perde as significações do universo e sua temporalidade fundamental. Não podendo construir o sentido do seu mundo nem deter o sentido do mundo externo, o sujeito abandona-se aos acontecimentos cotidianos, como se sua vida não mais lhe pertencesse. Nesse abandono se funda a existência cotidiana como rotina insignificante de dias que se sucedem um ao outro até o infinito, (...), na medida em que o homem, não tendo o controle do próprio tempo, não pode construir a sua história"[2].

Dentro deste quadro referencial percebe-se que a discussão de tal tema impõe-se em razão da inevitabilidade de uma confrontação entre a busca e a garantia de um padrão de vida material por um lado e, por outro, da percepção dos custos impostos à busca da felicidade,

---

[2] Jussara de Carvalho SOARES. *A morte das diferenças*. in Humanidades, pp. 31 e 32.

por sua obtenção, em particular em tempos (*neo)liberais*. Se um tal embate já se coloca de forma clara para as sociedades centrais, isto não significa que, para as periféricas, isto seja um debate que deva permanecer mediatizado pela importância de se garantir a sobrevivência. A permanência de uma rotina alienada e alienante, embora com a produção de benesses materiais, não impede, aliás, aguça o drama do cotidiano desinteressado e, por isso, desinteressante.

O que se percebe, assim, é que o conjunto dos benefícios oportunizados, via políticas sociais, não significa a consagração de um padrão qualitativo do viver. Da mesma forma, o que se pode chamar direito social.

> "(...) substitue donc une justice de réparation au rêve d'une justice de réorganisation comme au cynisme d'une justice purement contractuelle qui ignore les plaies qu'ouvre la logique marchande dans la société. Il est en ce sens parfeitement conforme à l'axe stratégique de la solidarité conçue comme le mantien de la cohésion sociale et non comme la reconstruction de la société"[3].

Delimita-se este estudo pela compreensão da circunscrição da figura do trabalhador, por sua contenção no interior de uma estrutura não só de vigilância como de produção de um estereótipo ao qual ele deve se ajustar. Um encadeamento que atua a partir do espaço fabril, mas que se dissemina pelo espaço público. Uma estrutura que se estabelece com a normalização, via produção de uma subjetividade, normatização, etc., do homem.

Molda-se um quadro de total passividade, onde a cidadania se manifesta, de períodos em períodos, dentro de um referencial de opções que não carrega qualquer germe disfuncional para um sistema lucrativo. A demo-

---
[3] Jacques DONZELOT. *Vers un nouvel esprit public. in* Espirit. p. 35.

cracia, assim, figura-se como um modelo definitivo de regras formais delimitadoras de espaços, onde se permite a movimentação "histérica" de figuras que perderam seus vínculos com a vida.

Para tal compreensão, estabeleceu-se um plano de trabalho que parte da percepção da "montagem" da figura do trabalhador, passa pelo entendimento da forma como se deu (e dá) o amoldamento do ser humano no dia-a-dia, seja no interior do espaço fabril, seja no seu "tempo livre" e intenta perceber a articulação deste protótipo no interior de uma sociedade.

A compreensão das relações intersubjetivas por uma racionalidade sistêmica se insinua, então, como o substrato de manutenção desta ordem unívoca, definitiva e verdadeira.

O desregular deste esquema, pela reposição daquilo que foi banido - o desejo -, emerge como o impulso gerador de um potencial de recolocação de uma "ordem" comprometida com a vida, mas nunca a partir do equilíbrio atômico, do instinto de destruição. Aflora, assim, uma ordem constituída no desregular cotidiano, desde uma lógica comunicativa dissociada de relações hierárquicas de dominação.

A "montagem" do homem-trabalhador, o açambarcamento do seu tempo de viver, a instauração de um molde de ser-estar no mundo e a discussão acerca da democracia que isto implica são, em linhas gerais, o que se apresenta a seguir.

Quer-se, finalmente, referir um momento de lucidez e compactuar com Fernandes para dizer que, do emaranhado de discussões deste texto emerge:

"(...) uma indagação consoladora: será que a criação não está no roteiro? Consolo do 'aprendiz de historiador': pretende ser o inventor de sua história, desconhecendo que também o roteiro não é de sua plena autoria. Por outro lado, satisfação: quantos acompanhantes de travessia! Eis aí a identificação, permitindo sentimento de pertinência coletiva. Ainda mais que muitos não foram convidados: por diferença, ignorância ou esquecimento. Saber, ao menos, que muitos estão presentes apesar de não citados e, talvez, mais ainda, por isso mesmo: marcas para além da autoria".[4]

Resta uma esperança: a de ter iniciado uma busca incessante de respostas a novas perguntas.

---

[4] Heloisa Rodrigues Fernandes. *Temporalidade e subjetividade*, in Tempo de Desejo. São Paulo: Brasiliense, 1989, p. 31.

Capítulo Primeiro

O homem com o tempo contado: considerações preliminares

"Quando a ética fizer seu percurso protestante, transformando o trabalho em suprema virtude, o vício não será mais a covardia, mas a vadiagem. De medrosa a vadia, a plebe não será menos perigosa, pois, a vadiagem plebéia aparece como causa dos entusiasmos sectários"[5].

1. A TRANSFORMAÇÃO DO TRABALHADOR: FRAGMENTOS DE UM PROCESSO

Tomando como pano de fundo a assertiva acima proposta, pode-se, então, arrancar no sentido da compreensão de toda uma estrutura que conforma o espectro global do agir humano, desde o interior do processo de trabalho, bem como pelos vínculos externos à fábrica que este projeta, tanto a nível objetivo, quanto, sobre a figura do ser humano-trabalhador-cidadão.

Um duplo aspecto vai interessar neste momento e para estes fins. De um lado o papel desempenhado pela chamada "ética protestante" no que diz respeito à introjeção de uma conduta ascética e metódica; necessárias para a introdução, manutenção e expansão do sistema fabril.

---
[5] Marilena CHAUÍ. *Sobre o medo. in* Os Sentidos da Paixão. Ver. p. 43.

"O sistema fabril requer a transformação da natureza humana e os 'paroxismos de trabalho' do artesão ou do trabalhador externo devem ser metodizados até que o homem se adapte à disciplina imposta pela máquina"[6].

De outro, interessa a percepção das alterações ocorridas, tendo como ponto de inflexão aquelas acontecidas com a mudança da estrutura produtiva. Ou seja: a introdução de um modo de produção fabril, proposto em larga escala, a partir da ocorrência da Revolução Industrial, principalmente.

Dessa forma, esse duplo aspecto interage no sentido do estabelecimento de uma estrutura de esquadrinhamento do viver, desde a perspectiva do trabalho e de sua organização. Forma-se, assim, uma cadeia tríplice que irá dar configuração ao quadro intrincado e complexo de formação e amoldamento de um homem-trabalhador, avesso aos "perigos" do tempo livre, da ociosidade.

Têm-se, ao final, três itens conexos:

a) uma ideologia do trabalho via ascetismo protestante;

b) uma disjunção das relações lúdico-produtivas, através da transformação das relações produtivas; e

c) uma nova estrutura de produção onde um olhar, externo ou internalizado[7], irá acompanhar todos os momentos da vida do trabalhador, por intermédio de um arquiteturismo físico-material e político-ideológico ao estilo do panoptismo foucaultiano.

Este quadro que vai se formando parece caracterizar claramente os formatos, os contornos iniciais de configuração de um homem que tem, no processo de

---

[6] Cfe. E.P. THOMPSON. *A formação da classe operária inglesa: a maldição de Adão*. Ver p. 293.

[7] Afinal, um dos requisitos é o de o trabalhador tornar-se o seu próprio feitor, se autocoagindo no sentido da laboriosidade, como salienta E.P. THOMPSON, op.cit., p. 234, assentado em Weber e seu *A ética protestante e o espírito do capitalismo*.

trabalho - em especial em um específico processo produtivo - o seu espaço vital e, também, delimita o complexo caminho que se inicia para a compleição, a restrição, o enquadramento da vida, dentro de parâmetros estreitos. O que se pretende com isso é viabilizar a demonstração de um enfoque explicativo da transformação de todo o processo vital humano, inserido no interior da ideologia do trabalho e, além disso, embrenhado em uma forma de produção que não permite tempos subtraídos à sua lógica. Um conjunto produtor de um determinado modelo de subjetividade.

Vive-se nestes momentos a (de)formação do homem como trabalhador vinculado ao sistema fabril e sua lógica. Desfazem-se as relações tradicionais do homem com o seu trabalho, pela atuação conjunta da ideologia do trabalho, via ascetismo protestante e pela inserção, via Revolução Industrial, de um sistema produtivo de fábricas.

1.1. A revolução maquínica

No processo de industrialização, com a introdução da máquina, objetiva-se, essencialmente, estabelecer um disciplinamento da mão-de-obra. Atua, assim, conjuntamente com a introjeção ideológica de uma ética do trabalho.

Ocorre, nestes tempos de Revolução Industrial, uma transformação completa nos modos de vida incrustados no contexto social. Estabelece-se um rearranjo no processo produtivo que incorpora "a disciplina, a monotonia, as horas e as condições de trabalho; a perda do tempo livre e do lazer; a redução do homem ao *status* de instrumento"[8], entre outras coisas.

---
[8] Ver E. P. THOMPSON, op. cit., p. 27.

A máquina é introduzida "claramente como meio de domar os operários" e, neste contexto, o que se objetiva é o controle, entre outros, dos ritmos dos homens deles próprios, através do ritmo da máquina, uma vez que ela atua como "instrumento de disciplina cujos efeitos precisam ser vistos percebidos materialmente no espaço remodelado da fábrica e no emprego do tempo (...)"[9]. A luta, aqui, se dá, concretamente, em face, não, ou, pelo menos, não exclusivamente, da contrariedade aos avanços da técnica, mas frente às conseqüências advindas de sua introdução e do desaparecimento, em decorrência, das estruturas produtivas de velho estilo, ou seja, "a oposição às máquinas, à produtividade industrial e seus ritmos é aqui a defesa de um estilo de vida mais folgado e autônomo"[10].

No processo de estabelecimento da sociedade industrial, impõe-se, no conjunto, a conformação de uma nova estrutura disciplinar que consiga transformar o tempo dos homens, em tempo de trabalho, seja como produção propriamente dita, seja como recuperação das forças para uma nova jornada. O que importa é que o tempo do trabalhador, a sua vida toda, seja utilizada da melhor forma pelo aparelho produtivo[11], pois o controle não é feito somente no interior da fábrica, mas estendido à vida cotidiana.

Embora com uma separação estanque entre tempos diversos - produtivo e livre - como se verá abaixo, tendo só um retorno sob a forma de reorganização das energias para a produção, percebe-se a colocação de toda a complexidade de estrutura temporal da vida a partir da elevação do trabalho à suprema virtude, bem como da transformação de conteúdo, ocorrida, desde a passagem

---

[9] Cfe. Michelle Perrot. *Os Excluídos da História*.

[10] Id., ibid., p. 36. Ver também pp. 39 e ss. acerca da resistência dos trabalhadores a domicílio. Vigiar e Punir.

[11] Ver Michel FOUCAULT. *A Verdade e as Formas Jurídicas*. pp. 87 e ss. Também, do mesmo autor, *Vigiar e Punir*. pp. 136 e ss.

de um processo artesanal para a fábrica e sua linha de montagem. Altera-se não só o conteúdo como a simbologia do ato produtivo. Vê-se nisto que "a tecnologia da manufatura *artificializou* os ambientes físicos do trabalho, obtendo com isso uma regularidade do tempo produtivo antes intermitente e variável segundo as circunstâncias do clima natural"[12]. E não só isso, como também regularizou todo o cotidiano externo aos limites físicos da fábrica, na seqüência com a Revolução Industrial.

Nesta linha compreende-se que o processo técnico e a transformação do sistema produtivo produziram uma reviravolta nas características básicas que configuravam o dia-a-dia da vida dos homens, impondo "o sofrimento e a destruição de modos de vida estimados e mais antigos", o que, embora possa ter ocasionado uma "melhora" no padrão de vida de muitas pessoas, acarretou uma reformulação radical no modo de vida de grandes massas. Todavia, devemos ter claro que:

> "Um incremento *per capita* em fatores quantitativos pode ocorrer simultaneamente a um grande transtorno qualitativo, no modo de vida do povo, no relacionamento tradicional e sanções sociais"[13].

A apresentação trazida por E. P. Thompson para o caso da formação da classe operária inglesa é bastante ilustrativa no que diz respeito a esta situação. As alterações introduzidas pelo sistema fabril quebraram definitivamente com um estilo produtivo que, apesar dos pesares, permitia aos trabalhadores o gozo de um modo de vida onde um controle do processo de produção oportunizava-lhes a disposição e a regulação mais adequada de seu viver diário. É ilustrativo que:

> "(...) mesmo antes do advento da energia do vapor, os tecelões de lã não gostavam das fábricas de

---

[12] Cfe. Newton CUNHA. *A Felicidade Imaginada*. Ver p. 32.

[13] Ver E. P. THOMPSON, op. cit., pp. 29 e 37.

teares manuais. Eles ressentiam-se, em primeiro lugar, da disciplina, mas também da campainha, da sirene da fábrica e do controle do tempo que esgotava os mais debilitados, prejudicava as atitudes domésticas e impedia a dedicação a outras ocupações"[14].

Ocorre, assim, a interação de dois fatos. Por um lado, a incorporação da máquina, introduzindo uma nova disciplina e, por outro, a estrutura fabril com sua organização do trabalho que representou o desmantelamento do controle sobre o processo produtivo até então desempenhado pelo próprio homem, pelo próprio concretizador da tarefa, pelo trabalhador[15].

Nesta batalha, o sistema fabril vitorioso carregou consigo apenas "as piores feições do sistema doméstico, um sistema em que inexistiam as compensações do lar", além de que "(...) a principal fonte de crueldade era a disciplina imposta pelas máquinas, prodigamente complementada pelo comportamento dos contramestres ou do patrão (nas fábricas menores)"[16].

Toda esta transformação vinha ao encontro das pretensões de quebra de toda a relação que era mantida pelo trabalhador com a sua atividade. O caso típico dos tecelões ingleses serve para ilustrar uma tal situação:

> "Durante a 'idade de ouro' os patrões queixavam-se freqüentemente de que os tecelões guardavam a segunda-feira (Saint Monday) - e folgavam, às vezes, também na terça-feira - terminando o trabalho nas noites de sexta-feira e de sábado (...)"[17]

---

[14] id., ibid., p. 166.

[15] Dois detalhes devem ser anotados: 1. contra todo o disciplinamento ocorrem resistências e, 2. a "evolução", no caso para o sistema fabril, não ocorre em linha reta. Ver M. PERROT, op. cit., p. 55, e E. P. THOMPSON, op. cit., pp. 294 e ss; M. FOUCAULT. *Microfísica do Poder*. p. 225.

[16] Ver E. P. THOMPSON, op. cit., pp. 207 e 211.

[17] id. ibid., p. 166.

O desfazimento desta relação com o trabalho e seus tempos era ponto crucial para a implementação definitiva da fábrica. Nela - com sua lógica - não se poderia permitir o controle do processo produtivo pelos trabalhadores. A estrutura maquínica impunha um tempo homogêneo que não poderia ficar sujeito aos sabores e gostos do operário. Ao contrário, ela deveria produzir o sabor ao qual ele deveria aferrar-se inquestionadamente. As fugas para a colheita, como ocorriam no passado, não poderiam acontecer.

Ou seja: a lógica do trabalho fabril e sua disciplina deveriam impor uma docilidade laboriosa que acabasse em definitivo com o gosto dos tempos alheios a ela, bem como dos tempos mortos. A quebra dos ritmos antigos deve ser imposta pela disciplinarização, onde a preferência pela liberdade seja substituía pela busca de ganhos suplementares, nem sempre obtidos[18].

1.2. Do olhar e outros controles

Percebe-se nesse devir que a implementação da fábrica não se deveu a necessidades de ordem técnica, mas, isto sim, a uma imperiosidade organizativa que permitisse o arranjo disciplinar dos trabalhadores durante o processo de trabalho. A maquinaria implantada nos períodos iniciais da Revolução Industrial não se limitou àquelas substitutivas do trabalho manual, mas àquelas que tornaram inevitável a concentração das atividades produtivas sob a forma de fábricas.

Assim, supõe-se que:

"(...) a fábrica surgiu muito mais por imperativos organizacionais capitalistas de trabalho do que por pressões tecnológicas (...) a tecnologia teve papel decisivo onde e quando a sua utilização fascilitava

---
[18] Ver M. PERROT, op. cit., p. 40.

e obrigava a concentração de trabalhadores e, portanto, a afirmação do sistema de fábrica. Mas ainda valeria introduzir, aqui, uma outra questão, a saber: a inovação tecnológica como resposta contundente do empresário capitalista ante as pressões de trabalhadores que já estavam acostumados com o regime fabril.

Essa nova utilização da maquinaria não só visava conseguir a docilização e a submissão do trabalhador fabril e, nesse sentido, assegurar a regularidade e a continuidade da produção, mas representou, também, um forte obstáculo aos movimentos de resistência do trabalhador fabril, já no século XIX"[19].

Outro fator importante que deve ser considerado é o de que o que vimos considerando acerca do sistema de fábrica diz respeito, quanto àquilo que lhe é inerente, tanto a um "ambiente capitalista" como a qualquer outro, "pois ele traz, em seu bojo, todas as implicações relacionadas à hierarquia, disciplina e controle do processo de trabalho, ao mesmo tempo em que se dá uma separação crucial: a produção de *saberes técnicos*, totalmente alheia àquele que participa do processo de trabalho"[20].

Ademais, tem-se que considerar a fábrica em seus aspectos globais que dizem com a produção de relações sociais, com a apropriação do(s) saber(es), onde ocorre, para além da acumulação de capital, o desenvolvimento de "mecanismos responsáveis pela concentração do saber e, conseqüentemente, de dominação social"[21]. Dessa forma as bases técnicas organizativas do processo produtivo tiveram uma característica prioritária de disciplinarização e controle do trabalho e de seus atores.

---

[19] Cfe. Edgar S. de DECCA. *O Nascimento das Fábricas*. Col. Tudo é História. Ver pp. 25 e ss, em especial p. 32.

[20] id. ibid., p. 38.

[21] id. ibid., pp. 39, 67 e ss.

Neste processo de disciplinarização que se coloca ao lado e em concomitância com o desenvolvimento progressivo - histórico - das formas produtivas, que desemboca no sistema fabril e sua continuidade, tem-se a atuação contemporânea ou sucessiva de vários mecanismos de controle e adestramento. Em primeiro lugar, a adoção de um panoptismo benthanminiano onde a visibilidade e a vigilância são as características básicas. Ver sem ser visto e sentir-se vigiado, sem saber de onde, como e por quem, foram os princípios gerais desta postura.

A necessidade de produção de "corpos dóceis" exige uma "coerção ininterrupta e constante, que vela sobre os processos de atividade mais que sobre seu resultado e se exerce de acordo com uma codificação que esquadrilha ao máximo o tempo, os espaços, os movimentos"[22]. Aqui interagem estruturas que visam transformar e adaptar o homem ao sistema produtivo fabril. A visibilidade contínua e dissimulada, aliada a princípios organizativos que moldam os mínimos detalhes, através de um "quadriculamento" cerrado, seja referentemente aos espaços ocupados, aos tempos gastos ou aos modelos organizativos das atividades, deixam refreada qualquer capacidade de resistência - o que não quer dizer que não tenham ocorrido - via garantização da obediência e que também permitem uma otimização de resultados em face aos tempos consumidos e às atividades desenvolvidas.

Neste sentido, a "doutrina da disciplina e da restrição foi, desde o princípio, mais importante do que a doutrina do 'menor atrativo' material[23]. Esta "necessária" disciplinarização parece ter a ver com a total repugnância sentida pelos trabalhadores, face ao sistema de fábricas. Caso típico é o dos tecelões ingleses que, como

---

[22] Ver M. FOUCAULT, *Vigiar e Punir*, pp. 126 e ss. Também ver Kátia MURICY. *Os Olhos do Poder. In* O Olhar. pp. 475 e ss.

[23] Ver E.P. THOMPSON, op. cit., p. 114.

demonstra E.P. Thompson, eram extremamente arredios a se entregarem a uma tal organização produtiva, onde era quebrada a harmonia que praticavam entre trabalho e lazer, onde inexistiam os sinos marcadores dos ritmos e havia a possibilidade de um controle dos tempos. Apesar do atraso que se pode imputar a essas comunidades, percebe-se ou sente-se a inadequação de noções sobre o que seja esse ou o que seja progresso[24].

A fábrica precisa, então, implementar a sua estrutura produtiva. E o faz efetivamente.

Para a disciplinarização dos trabalhadores lança-se mão de todo um arcabouço disciplinante que modela a figura do operário fabril. Os regulamentos, uma estrutura administrativa paternalística, a constituição de um corpo de vigilantes, são algumas das características paradigmáticas desta modelização do homem ao sistema de fábricas.

Com a máquina, a disciplina se torna mais sutil, fixando o trabalhador e impondo o seu ritmo, dispensando, de certa forma, a necessidade do olhar panóptico[25].

Além disso, o seu braço disciplinante se estende para fora dos seus limites, atingindo a vida cotidiana via controle dos períodos extra-muros, seja por intermédio de estruturas jurídico-políticas de quadriculamento dos espaços físicos e temporais, seja pela própria circunscrição dos trabalhadores às chamadas vilas operárias, seja, ainda, pelo controle e adestramento do "tempo livre" do trabalhador por intermédio de associações de lazer, esportivas, etc., que em sua acepção rudimentar, em seus primórdios, se apropriam desses espaços temporais para evitar a fuga ao condicionamento produtivo, à docilidade laboriosa.

---

[24] id, ibid., pp. 117-177, em especial p. 146.

[25] Ver nota 12 supra. Também ver Michelle PERROT, op. cit., pp. 53 e ss.

As resistências opostas a este sistema mostram as marchas e contramarchas que caracterizam toda a luta entre a implantação definitiva de um modelo de vida dominado pela lógica do trabalho fabril e a (re)conquista dos espaços perdidos. Os processos de humanização das relações de trabalho ilustram, significativamente, estes embates.

Entretanto, a disciplinarização persiste por intermédio de uma "nova disciplina do trabalho" que diz com procedimentos salariais, via incentivos, reorganização técnica anterior à implementação das idéias de Taylor, intervenção estatal e, por fim, da entrada em cena da figura dos profissionais engenheiros e da "neutralidade científica" na organização e regulamentação do trabalho e suas relações.

Neste viés, uma reestruturação parece ocorrer no sentido da otimização da ocupação das forças físicas do trabalhador em face da liberação crescente oportunizada pela adoção de novas máquinas e tecnologias, bem como uma transformação objetiva nos espaços fabris e no processo de trabalho via taylorismo e sua O.C.T. (Organização Científica do Trabalho), no sentido de acabar com o desperdício de tempo e com a "preguiça operária". Entra em cena "um corpo instrumentalizado - operário de massa", pois:

> "Uma vez conseguida a desapropriação do *know-how*, uma vez desmantelada a coletividade operária, uma vez quebrada a livre adaptação da organização do trabalho às necessidades do organismo, uma vez realizada a toda poderosa vigilância, não restam senão corpos isolados e dóceis, desprovidos de toda a iniciativa"[26].

Chega-se, enfim, à transformação do trabalhador em executante de tarefas definidas alhures.

---
[26] Cfe. C. DEJOURS. *A loucura do trabalho.* Ver pp. 37 e ss, em especial pp. 39 e 42.

"Esse tipo de disciplina acaba por despojar o trabalhador qualificado de seu saber e, portanto, do seu poder; reduz os riscos de conflito com os contramestres, cujo papel se reduziu consideravelmente: aos seus berros, ao estilo de um sargento, substituiu-se o frio rigor dos cronometristas de camisa branca. A nova disciplina se quer científica e, portanto, menos passível de contestação"[27].

A via das políticas sociais, em vários aspectos, também atua "positivamente", conjuntamente a uma política estatal, que não se identifica com aquelas, no sentido da integração da força de trabalho no mercado. Após o processo de *proletarização passiva* - "destruição das formas de trabalho e de subsistência até então habituais" - é necessário assegurar-se da submissão da massa de trabalhadores a uma orientação e a um controle externo integral. Esta situação, de certa forma, é garantida "na medida em que os riscos existenciais associados ao trabalho assalariado estejam cobertos por formas institucionais de seguros sociais", garantindo-se, ainda, o não atingimento estrutural do sistema industrial. É, todavia, evidente que esta é uma situação que se apresenta com variáveis significativas de país para país. Entretanto, é algo considerável quando se procura vislumbrar a sistematização de um processo de amoldamento do trabalhador ao sistema industrial[28].

Deve-se ter claro que o *Welfare state* americano, na sua caracterização global, apresenta-se e formaliza-se praticamente pelo oferecimento de benefícios sociais autênticos, materializados "quaisquer que sejam suas verdadeiras motivações. Isto faz com que se apresente uma realidade aceitável, num certo sentido, como sua própria legitimação". Por outro lado, este oferecimento

---

[27] Ver M. PERROT, op. cit., p. 79.

[28] Cfe. Clauss. OFFE. *Problemas estruturais do estado capitalista*. Ver pp. 15 e ss, em especial pp. 19 e 27.

de benefícios atua fortemente, de uma maneira subjetiva, para o estabelecimento definitivo da figura do trabalhador aferrado ao processo produtivo, impedindo-o de repensar sua vida cotidiana. Esta forma de produção de subjetividade - ou ideologia[29] consegue, assim, introjetar-se definitivamente na vida do operário - do ser humano trabalhador - legitimando-se, por intermédio de benefícios reais derivados do próprio processo técnico do qual faz parte este mesmo homem.

É mais uma faceta na regularização da vida diária do ser humano. À imputação de uma laboriosidade descomunal adiciona-se a conquista, em nada imaginária, em especial no "primeiro mundo", e garantia de benesses materiais. É a própria rotina do processo e progresso técnicos que exigem sua manutenção como forma de permitir e garantir a continuidade e expansão dos favorecimentos obtidos[30].

Com o processo de automação atinge-se um outro patamar, quando, então, se desfazem, ainda mais, as possibilidades de iniciativa do trabalhador - "o *operador* substitui o operário" - bem como as imposições de vigilância são maximizadas. "O olhar do senhor, agora, é a calculadora eletrônica. Ela tem a forma da lógica matemática e a violência da calmaria."[31]

Cabe salientar, ainda, que:

> "Cada vez mais invisível e distante, a disciplina também é cada vez mais interiorizada. Pela educação (em sentido muito amplo), os valores da utilidade e do trabalho modelaram a consciência dos

---

[29] Ver a respeito Felix Guattari, in *Micropolítica*: cartografias do desejo, p. 25.

[30] Neste sentido, ver: Sergio Paulo ROUANET. *Teoria científica e psicanálise.* pp. 277 e ss. Também: Felix GUATTARI e Suely ROLNIK. *Micropolítica: cartografias do desejo.* p. 147. Entretanto, este autor vê potencialidades de contestação abertas por tal quadro (p. 190).

[31] Ver. M. PERROT., op. cit., p. 80. Com outro enfoque: H. MARCUSE vê a automação abrindo espaços de tempo livre (*in Ideologia da sociedade industrial.* p. 53). Ainda: S. ALBORNOZ. *O que é trabalho.* pp. 23-24. Também ver A. GORZ. *Adeus ao proletariado: para além do socialismo.* pp. 39-40.

homens que se definem pelo seu lugar num processo de trabalho. A consternação dos desempregados (operários ou principalmente funcionários) diante do desemprego, e não só por razões materiais, mostra como por vezes é difícil viver um 'tempo livre'. Os operários do início do século XIX ficavam desconcertados com o trabalho; nós ficamos desconcertados com o trabalho; nós ficamos desconcertados com a liberdade! Nosso contramestre é nossa consciência. Pode-se perguntar, nessas condições, se a autogestão, por sedutora que seja, não constitui uma última astúcia da razão"[32].

1.3. A via espiritual para... o gozo futuro

Para além do que se pode pensar, a importância e influência de, ao menos, um determinado seguimento do pensamento da doutrina religiosa atuou de forma saliente na "performance" do trabalhador.

Noutro sentido, que não o de "simples" bênção das máquinas e além de inserir, no trabalho, os pobres e "delinqüentes", fornecer supervisores confiáveis ou, "prestar-se à fase de experimentação técnica"[33] temos a igreja, via protestantismo e suas ramificações, em particular atuando de forma simbólica como propagadora de uma doutrina do trabalho, da laboriosidade, como meio de atingimento de uma felicidade que, no entanto, fica resguardada para uma vida futura. As atribuições desta vida seriam o cartão de passagem para uma bem-aventurança posterior.

Se a possibilidade de um ganho superior não era suficiente e eficiente o bastante para atrair para mais trabalho, então, seriam necessárias outras formas de

---

[32] id. ibid., p. 80.
[33] Como salienta M. Perrot, op. cit., p. 44.

persuasão para que isto se configurasse. Para tanto, a solução só viria a partir de um processo educativo longo e penoso que inculcasse na "plebe vadia" o dever vocacional, e o "gosto" do trabalho. Torna-se imprescindível que este seja assumido como um fim em si mesmo para que desapareçam as antigas relações do homem com ele, quando a sua extensão era assumida conforme as necessidades e, eventualmente, de acordo com as estações climáticas, como salientado anteriormente. Estas relações tradicionais permitiam, assim, que, ao lado do trabalho, se estabelecesse um conjunto de atividades desinteressadas.

Com a qualificação moral da atividade secular, pelo Protestantismo, tem-se uma base de apoio para o desenvolvimento daquilo que Max Weber chama de "espírito do capitalismo". Tomado o Protestantismo ascético como um todo - embora o Calvinismo sobressaia como a forma mais compacta dessa noção de vocação - percebe-se que a grande chave para a compreensão do que se propõe, aqui, vincula-se à condenação do descanso, da perda de tempo de trabalho, do gasto de tempo nas "atividades desinteressadas", pois isto significa uma diminuição, uma subtração de tempo para a glorificação de Deus.

Pecado maior não há, mesmo porque a ociosidade significa o não atingimento do estado de graça. O princípio da conduta ascética afasta, repele, qualquer possibilidade de prazer, buscando uma uniformidade do viver cotidiano que não esteja sujeita a qualquer perversão, garantindo, assim, um comportamento sóbrio, diligente e normal (normalizado) a todo o tempo, dentro ou fora do espaço fabril.

No que diz respeito aos trabalhadores, deve-se compreender que

> "(...) o poder da ascese religiosa..., punha à sua (do empreendimento burguês, grifo nosso) disposição trabalhadores sóbrios, conscientes e incomparavel-

mente industriosos, que se aferraram ao trabalho como a uma finalidade de vida desejada por Deus"[34].

Afinal, as conseqüências de uma atitude diferente significavam, além da perda do trabalho, a "condenação" às chamas do inferno[35].

Assim é que se percebe uma influência significativa, para a produção do moderno trabalhador fabril - e não só dele -, aquela desempenhada pelo ascetismo protestante. Na análise, em específico, do Metodismo, E.P. Thompson[36] deixa clara esta situação, colocando explícita a sua não-exclusividade no que diz respeito à disciplina no trabalho, situação que dividiu com a maioria das seitas heterodoxas durante a Revolução Industrial.

Salientar algumas das colocações deste autor torna-se, assim, de particular interesse para o delineamento deste quadro.

A principal característica que se busca em sua obra é a definição especial da relação do ascetismo protestante - aqui, no caso, o Metodismo - com o processo de disciplinarização do trabalhador, desenvolvido pelo autor.

A introjeção de uma "coerção interna" para o trabalhador regular parece ser imprescindível para a consecução dos resultados de adaptação do trabalhador tradicional às novas relações de produção, onde ele perde o controle sobre sua vida diária.

Uma dificuldade crucial que para isto se apresenta diz respeito à necessidade de fazer com que os homens renunciem à sua indisciplina(ou indiferença, indisposição), face ao trabalho e, ainda, assimilem a lógica inva-

---

[34] Cfe. Max WEBER. *A ética protestante e o espírito do capitalismo.* Ver p. 127.

[35] Ver E.P. THOMPSON, op. cit., p. 249.

[36] As referências e citações feitas aqui se encontram em *A formação da classe operária inglesa.* V.II, pp. 225 a 289.

riável do automatismo maquínico. Tarefa de extrema dificuldade, à qual somava-se o arredio maior, quanto maior fosse a qualificação do trabalhador. Para isto, capital e ciência aliaram-se no sentido de facilitar as tarefas e permitir o seu controle sem nenhuma exigência de capacitação física ou intelectual.

Como, então, ao fim e ao cabo, inculcar esta mentalidade de disciplina naqueles que teriam pouca ou nenhuma possibilidade de tirar proveito de um tal sistema produtivo? Papel de destaque é dado à máxima "de que o homem deve aguardar por sua maior felicidade na vida futura, não na presente". Com isto, estabelece-se o laço faltante para aprisionar o trabalhador à máquina, levando-se em consideração que, para que essa felicidade pudesse ser alcançada, havia a necessidade de passagem por esta vida, aceitando e acatando os parâmetros de uma "disciplina metódica", em especial em relação ao trabalho realizado como puro ato de virtude.

Aliado a uma estreita condenação às emoções e prazeres, o Metodismo condensou o consumo de energias às tarefas do trabalho produtivo diário. Um objetivo de tal natureza, para ser alcançado, deveria contar com sua assimilação pelos trabalhadores, o que ocorreu, segundo o autor, em razão de três componentes essenciais: a doutrinação direta (como no caso das escolas dominicais), o sentido comunitário do Metodismo e as conseqüências psíquicas da contra-revolução.

Entretanto, interessa-se, aqui, pelo fato caracterizador do papel desempenhado pelo ascetismo protestante como um todo, no sentido da impregnação de uma ideologia do trabalho e sua disciplina: "uma disciplina de vida metódica combinada com a estrita repressão a todas as alegrias espontâneas". Esta era a base sobre a qual poderia ser desenvolvido o projeto de um sistema fabril que destroçava todas as características, até então caras aos trabalhadores, desfazendo as relações do homem com seu tempo.

Fecham-se, assim, os laços que transformam o trabalhador. O de antigo tipo cede lugar àquele vinculado ao sistema fabril, ao qual deve obediência e disciplina. Quebram-se as suas relações com a vida - por precárias que fossem - e estabelecem-se os primeiros vínculos com a máquina. Destrói-se um quadro de interação para estabelecer-se um ritmo único de vida. Um empobrecimento.

> "(...) para o trabalhador rural, a perda dos direitos comunais e dos resquícios de democracia nas aldeias; para o artesão, a perda do seu *status*; para o tecelão, a perda do seu meio de vida e da sua independência; para a criança, o fim do trabalho e do lazer domésticos; para os diversos grupos de trabalhadores, cujos salários reais aumentaram, a perda da segurança e do tempo livre, ao lado da deterioração das condições ambientais urbanas"[37].

A transformação do trabalho e do trabalhador assume posição destacada nos traços macabros advindos com a Revolução Industrial.

2. LAZER, PALAVRA TRISTE

Em específico pode-se perceber ao que se reduzem as relações temporais do homem com o advento e implementação seqüencial de um trabalho de novo tipo, em consonância com a transformação operada pela chegada e implantação da máquina e do sistema fabril a ela vinculada.

---
[37] Ver E.P. THOMPSON, op. cit., p. 345.

A questão do horário, ou melhor, a questão dos espaços temporais, referentemente ao trabalhador sujeito à disciplina fabril, e não só ele, como todo o homem engajado no processo produtivo, se eleva como ponto crucial na batalha da regularização sistemática da força de trabalho. Trata-se de estabelecer, fixar definitivamente a estrutura do viver humano em compatibilidade com as prerrogativas do tempo industrial, formando-se, assim, algo que se pode chamar, com M. Foucault, um *tempo disciplinar* que, aqui, se conforma com a busca da fixação de um cotidiano qualitativamente controlado, instituído.

Neste quadro, sente-se, afinal, que o controle do tempo, e não só daquele empregado na produção de forma imediata, é uma prerrogativa para a garantia do domínio da massa de trabalhadores, aumentada dia-a-dia. Trata-se, enfim, "de construir um tempo integralmente útil"[38]. Diria mais: de edificar um tempo impermeável a oscilações perigosas, um tempo homogêneo.

Assim, não basta que se limite à elaboração de regras precisas, delineadoras dos movimentos, em relação aos atos produtivos. Requer-se, outrossim, a possibilidade de garantir-se o amoldamento integral da vida diária, onde, inclusive, as possibilidades dissipativas fossem compatíveis com a lógica disciplinar da produção. Os prazeres ficam também sujeitos à sua aproveitabilidade produtiva[39].

Vivifica-se um "quadriculamento cerrado" dos espaços temporais, seja daqueles diretamente vinculados à esfera do trabalho nomeado produtivo, seja daqueles vivenciados nos períodos de sobra, nos espaços ocorrentes entre os períodos de trabalho. Por um lado, no

---

[38] Ver M. FOUCAULT. *Vigiar e punir.* p. 137.

[39] Ver M. FOUCAULT. *História da sexualidade I: a vontade de saber.*

sentido da agilização das tarefas produtivas, tanto por sua decomposição, quanto pela imposição de um ritmo externamente imposto (cronometragem, sinais, máquinas, etc.). Por outro, na garantia que, quando fora de seu local de trabalho, o ser humano não irá extravasar-se em atividades incompatíveis, ou seja, que o "tempo livre" siga uma trajetória previamente estruturada, no sentido da manutenção do condicionamento produtivo.

Deve-se, portanto, estabelecer uma desqualificação do "tempo livre" como forma conexa de manutenção da lógica da produção. Isto se dá tanto pela estruturação de uma ideologia do trabalho que vincula o ser humano ao processo produtivo, como pela própria rotina infligida por este que destrói as possibilidades de um gozo dos momentos vividos fora da fábrica ou do local de trabalho.

A linha de montagem e sua lógica cercam e amarram sob sua ótica o tempo integral do homem. Os momentos de folga se resumem à tentativa, quando muito, de recuperação das forças para uma nova jornada. Da não-ociosidade "avança-se" para a utilização integral e qualificada do tempo.

Na batalha da Revolução Industrial, a vitória ficou com aqueles que pretendiam a imposição dessa disciplinarização do espaço vital. Todo o conjunto do viver não poderia escapar à ordenação exigida pelo ritmo de produção. Assim é que, dos horários de trabalho propriamente ditos, aos "lazeres", nenhum recanto sobrou imune ao condicionamento da campainha, marcando os limites das jornadas, os ritmos, etc. Nenhum momento poderia ser desperdiçado em atividades consideradas impróprias, garantindo-se, dessa forma, um controle eficaz sobre a totalidade do dia e, com isso, formava-se e conformava-se a carapaça que revestiria um corpo dócil e laborioso.

2.1. Os tempos de um tempo único

Nesta transformação global, acabou prevalecendo e dominando um sentido geral que estabelece a "ruptura" entre trabalho e tempo livre-lazer. Perde-se a característica de unidade que havia anteriormente no modo de vida de antigo tipo. A ludicidade que existia desaparece, cedendo lugar a uma lógica que prefigura momentos distintos para trabalho e divertimento, trabalho e cultura, trabalho e prazer. Daquele some o mínimo de possibilidades criativas, à exceção daquelas que permitam uma quantificação e qualificação de seu próprio fluxo.

Esta disjunção é seguida de uma prioritarização do momento de trabalho. Agora, além da separação formal deste do resto da vida, tem-se que os momentos extra-jornada vinculam-se à lógica da produção para servirem como espaços de recuperação das capacidades laborativas. Consubstancia-se um jogo, onde o domínio do tempo de trabalho estabelece-se para além dos muros da fábrica, quando as ações são mediatamente vinculadas à produção, tornando-se como meios compensatórios desta. É dessa forma que

> "(...) o *tempo não-produtivo* ainda conserva um valor socialmente produtivo, pois resgata as condições mínimas de retorno da força viva de trabalho e libera os indivíduos para o consumo".[40] (grifo nosso).

Pode-se agregar, aqui, uma caracterização do tempo, como forma de propor uma separação conceitual do mesmo. Assim é que se fala em *tempo produtivo*, como aquele vinculado à atividade, ao trabalho seja ele qual for, e *tempo não-produtivo* ou *residual* como aquele que:

> "(...) se subtrai ao tempo produtivo. Ele é residual justamente pelo fato de o tempo produtivo ser o

---
[40] Newton CUNHA, op. cit. p. 13. Ver, ainda, acerca da divisão dos tempos de vida, Hughes de VARINE. *O tempo social.* pp. 66 e ss.

principal e o determinante das sociedades atuais. Existe em função e como decorrência do tempo produtivo, porque este tem mais valor econômico e social; porque o tempo produtivo cria ou reproduz as condições materiais de existência. E, aqui, não importa muito a grandeza do tempo produtivo. Comparando-se ambos verifica-se que o tempo residual pode, muitas vezes, ultrapassar em extensão o tempo produtivo. Mas o tempo residual, não produtivo, se distribui em torno do tempo produtivo, como se esse fosse o núcleo de uma molécula, pois, de fato, corresponde ao centro de nosso sistema vital[41].

Ainda, deve-se trazer à tona, transversalmente, uma referência relativa à questão do *otium* que

"(...) está em contraste com o sentido atribuído à palavra 'divertimento', entendido como 'distração', como 'alienação do inalienável', pelo qual o homem se desliga da realidade da vida, elevando o 'passatempo' a uma sombria vontade de libertar-se do tempo, enchendo-o com uma existência feita de horas deliberadamente não vividas, paradas nos átimos prolongados da frivolidade... assumida num desejo de banalização"[42].

Nisso considera-se que há uma diferenciação entre tempo livre e *otium* no sentido de que aquele, e não este, tem um vínculo imediato com o trabalho, sendo o seu contrário, mas sem desligar-se dele, podendo, todavia, haver um liame entre o mesmo e a noção de ócio como inércia e vazio, quando aparece na forma de "antitrabalho", embora este propicie o desenvolvimento de atividades dependentes e associadas ao trabalho. *Otium* teria, portanto, em seu núcleo, o caráter festivo, sem

---

[41] Newton CUNHA, op. cit. p. 15.

[42] Para esta leitura: Luigi BAGOLINI. *O trabalho na democracia*. Ver em especial p. 51 para a citação e, pp. 49-59.

implicar uma temporalidade física e quantitativa, mas numa atitude conscientizada, uma disponibilidade participativa, criativa e enriquecedora.

Embora, na literatura, se tenha inúmeras proposições para a caracterização dos momentos da vida, percebe-se que a diferenciação entre espaços em que se trabalha, em que se mantém a vida (comendo, descansando, participando de eventos sociais, etc.) e em que se está "liberto" para uma utilização qualquer, coloca-se como desprovida de uma significância maior, quando se atém à visualização do domínio daquilo que se chama tempo produtivo, o qual espraia a sua lógica no âmbito de todo o espaço vivencial. Nota-se, assim, que uma dicotomia (tempo produtivo/tempo não-produtivo ou residual; tempo de trabalho/tempo livre) serve para caracterizar melhor o controle da vida a partir da lógica da produção. Não se abre margem para idealizar a aparição de um terceiro momento imune à sua influência.

Com isto se quer salientar que as divisões temporais que se apresentem têm, na produção, o seu eixo catalizador. Produz-se outros espaços temporais que servem tão só para a manutenção da estrutura laborativa em funcionamento.

Na questão relativa ao *terceiro tempo*, onde se situariam as possibilidades de um agir mais livre, em razão de as atividades diretamente vinculadas à produção, bem como àquelas mediatamente relacionadas a ela (consumo, descanso, alimentação) estarem satisfeitas, percebe-se, contudo, a permanência da imposição de uma subjetividade que marca indelevelmente o cotidiano do trabalhador.

Apesar de constatar-se, em especial ou exclusivamente nos países de desenvolvimento avançado, uma possibilidade de flexibilização na escolha das atividades deste "terceiro tempo" - *tempo de lazer* - sente-se que esta nunca pode se afastar de um padrão de condicionamento[43]. Mesmo porque é clara a identificação que assume o lazer, em regra passivo, com "uma espécie de compensação que o sistema permite, de modo que não se queira transformar o mundo do trabalho que eficientemente continua a dar lucro a seus donos"[44].

Ter-se-ia dado um passo adiante, pois: passamos de uma condenação da atividade como contrária ao "espírito", do conceito de tempo fora do trabalho, para um processo de algo que poderia ser nominado como "atividade passiva". Os processos de lazer assiduamente se mostram como práticas sem sentido, preenchedoras dos espaços vazios. Complementam, assim, a pobreza característica do processo produtivo.

O lazer se institucionaliza sob a característica da evasão, com projetos de um tempo morto, na forma de "hobbies" alienantes, como consumo passivo de tempo, etc. Serve como agente compensador e mantenedor do tempo de trabalho.

Por isto, não se pode desvincular a leitura acerca das possibilidades temporais do contexto ao qual se acha vinculada, onde uma ideologia do trabalho o coloca como suprema virtude e condena o ócio como o pior dos vícios. Associados - ideologia do trabalho e disciplinarização -, não há que se falar sequer em possibilidades de um tempo liberto das pressões e configurações da produção.

Há, em realidade, um tempo único, apesar de sua composição parcelada em momentos distintos e complementares, que é o da produção. Aquilo que lhe é subtraí-

---

[43] Voltaremos a isso, detalhadamente, quando do desenvolvimento do capítulo segundo desta dissertação. Para a questão do lazer, ver: Luiz O.L. CAMARGO. *O que é lazer.* Stanley PARKER. *A Sociologia do lazer.* Joffre DUMAZEDIER. *Lazer e cultura popular.* Estas obras servem de base para o tipo de leitura que se propõe aqui, embora sem a mesma perspectiva.

[44] Ver Suzana ALBORNOZ, op.cit., p. 40. Outro fator a ser considerado é o referente às diferenças em face do lazer nos grupos sociais distintos. Nota isso N. CUNHA, op. cit. p. 20. Para o caso brasileiro, ver texto de Maria Cecília S. FORJAZ. *Lazer e consumo cultural das elites.* In RBCS, nº 6, pp. 99-113.

do permanece a ele vinculado, atuando como espaço de compensação, tanto das forças físicas do trabalhador para uma nova jornada, quanto como meio compensatório e animador das relações econômicas via consumo.

As lutas pela humanização do trabalho, especificamente as voltadas para uma fixação diminuída das jornadas de trabalho - como a célebre luta pelos três oitos - embora de relevância inconteste, não atingem o núcleo capaz de gerar transformações substanciais neste processo de laborização. Os ganhos quantitativos nas horas de "folga" não significam uma qualificação dos espaços temporais, sequer uma fuga substancial à subjetivação imposta pela era industrial.

A possibilidade de uma automação progressiva - possibilidade real nos países do primeiro mundo - não constitui a garantia de uma transformação radical nesta situação. Ao contrário, em muitas ocasiões, o progresso técnico, como até agora se verifica, proporciona ou impõe o desaparecimento de espaços e lugares de participação, de atividade descompromissada, de criação. Poder-se-ia imaginaar a liberação do trabalhado como a destruição da última atividade do homem: seria a sua colocação no domínio do seu tempo, mas sem saber o que fazer com ele ou, pior, tendo-o heterodeterminado por completo.

A busca pela humanização do tempo de trabalho, reconquistando espaços anteriormente perdidos, não conseguiu garantir uma qualificação deste tempo liberado, uma vez que a "Religião do Trabalho" permanece dominando de forma completa. Ou seja: há uma sobrecarga ideológica que impede que a recuperação dos períodos de ócio sejam transformados qualitativamente, permanecendo a quantificação temporal adstrita ao tempo principal da produção.

Mesmo sendo fruto de uma luta emancipatória, o que se tem notado é que a assimilação de uma quantificação do padrão de vida vem ganhando espaços cada vez maiores sobre as possibilidades emergentes de qualificação de um modo de vida que entre em choque com as regras preestabelecidas da sociedade industrial. Os ganhos crescentes advindos com a automação e todo o tipo de progressos, transformam-se em uma progressividade monetária crescente, em detrimento de uma redução do tempo produtivo.

Uma atitude neste sentido denota um comprometimento dos homens com as amarras de um sistema produtivo que se transfigura num hábito cujos atrativos impedem uma fuga à sua lógica. É possível até que o distanciamento do tempo livre signifique o temor frente à possibilidade de um "homo ludens" vivendo um "dolce far niente".

Observe-se, com C. Castoriadis, que:

> "Os homens submetem-se a pressões cada vez maiores por parte daqueles que organizam a produção. Trabalham como loucos na fábrica ou no escritório, durante a maior parte de sua vida em estado de vigília, para obter um aumento de salário de 3% ou um dia a mais de férias por ano. No final - e isto é cada vez menos uma ficção - a felicidade do homem será realizada por um engarrafamento monstruoso, com cada família vendo televisão no carro e tomando sorvetes feitos pelo refrigerador do carro.
> O consumo pelo consumo não tem sentido para o homem. O lazer pelo lazer é vazio. Na sociedade atual quase não há pessoas mais miseráveis do que os velhos sem ocupação, mesmo quando não têm problemas materiais. Em todas as partes do mundo, os operários esperam impacientemente, durante toda a semana, que chegue o domingo. Sentem a necessidade imperiosa de escapar da escravidão física e mental da semana de trabalho ... são alienados tanto durante o lazer quanto durante o trabalho. Os domingos refletem toda a miséria da semana de

trabalho que chega ao fim e o vazio daquela que vai começar"[45].

Em um novo estágio tecnológico se seria brindado com quem sabe quanto tempo livre sem ter-se a possibilidade de utilizá-lo de forma criativa, pois é "o homem inteiro que é condicionado ao comportamento produtivo, pela organização do trabalho, e, fora da fábrica, ele conserva a mesma pele e a mesma cabeça". Deve-se considerar, ainda, que "o ritmo do tempo fora do trabalho não é somente uma *contaminação*, mas antes uma *estratégia*, destinada a manter eficazmente a repressão dos comportamentos expontâneos que marcariam uma brecha no condicionamento produtivo"[46].

Desta forma torna-se evidente

"(...) nesta atitude o círculo vicioso sinistro da alienação pelo sistema Taylor, onde o comportamento condicionado e o tempo, recortados sob as medidas da organização do trabalho, formam uma verdadeira síndrome psicopatológica que o operário, para evitar algo ainda pior, se vê obrigado a reforçar também. A injustiça quer que, no fim, o próprio operário torne-se o artesão de seu sofrimento[47].

Esta síndrome de temor aos "perigos da ociosidade" pode ser observada em muitas oportunidades, entretanto, uma, particularmente, parece paradigmática desta situação. Trata-se daquilo que C. Dejours chama de *ideologia da vergonha*, no aspecto relativo aos vínculos da doença com o trabalho, uma vez que adoecer significa, entre outras coisas, a necessária ausência ao processo produtivo, a falta ao emprego. Como caso ilustrativo esta atitude, demonstra até que ponto chega ou pode

---

[45] Ver C. CASTORIADIS, *Socialismo ou Barbárie*. p. 137.

[46] Ver C, DEJOURS, op. cit., pp. 46-47.

[47] id., ibid., p. 47.

chegar a força de uma estrutura conformativa de um determinado modo de vida. Reflete-se, assim, no caso particular, uma situação que se verifica a nível global, quando se supõe a possibilidade de uma maximização dos espaços do tempo livre.

Por outro lado, ainda, mesmo quando se fala do lazer como libertário de obrigações, é-se obrigado a admitir a impossibilidade, a ilusoriedade de uma tal postura, desde que se pense a nível das grandes massas populacionais atingidas de forma direta por uma extenuação de suas forças físicas, seja por uma excessiva jornada de trabalho, seja pelo consumo de tempo dispendido em grandes deslocamentos em transportes coletivos, desproporcionais às necessidades, seja, ainda, pela incessante busca de ganhos extras (sobrejornada, biscates, segundo emprego, etc.) na tentativa de assegurar a sobrevivência física, aumentar as possibilidades de consumo, etc.

Esta situação objetiva, realidade para expressivos contingentes populacionais, associada a um processo de subjetivação do viver, torna inacreditável pensar-se em tempos livres, libertos da lógica produtiva.

Períodos temporais subtraídos à sociedade industrial permanecem a ela vinculados, mesmo quando consumidos por outras atividades - mesmo lazeres - ou por atividades conexas a ela. Esse tempo de "sobra" assimila o velho caráter de recuperador de energias, somado às necessidades de consumo de que se ressentem as indústrias.

De outro prisma deve-se reter a idéia de que toda essa caracterização temporal caminha rumo ao despropósito, na medida em que "o reino absoluto da medida do tempo de trabalho está prestes a desaparecer..." sem que isso signifique qualquer transformação sintomática face às relações laborais.

Vislumbra-se, com Guattari, que:

"Infelizmente, é perfeitamente concebível que o próprio capitalismo seja levado a suavizar cada vez mais a medida de tempo de trabalho e a levar uma política de lazer e de formação aberta, quanto melhor ele a controlar (quantos operários, empregados, quadros, passam assim, hoje em dia, suas noites e fins de semana preparando sua promoção de carreira!). O remanejamento da quantificação do valor a partir do tempo de trabalho não terá, então, sido, como pensava Marx, o apanágio de uma sociedade sem classes! E, de fato, através dos modos de transporte, dos modos de vida urbano, doméstico, conjugal e pelos meios de comunicação de massa, a indústria dos lazeres e até dos sonhos... em instante algum, tem-se a impressão do que poderá escapar ao controle do capital.

Não se paga ao assalariado uma pura duração do funcionamento de 'trabalho social médio' mas, para que ele fique à disposição, uma compensação para um poder que excede aquele exercido durante o tempo de presença na empresa"[48].

Assim, molda-se a figura de um tempo único, compartimentalizado em períodos sob o domínio de uma subjetivação produzida pela estrutura da sociedade industrial. Um tempo instituído, previsto e previsível, disciplinado, utilitário, consumista, apático, alheio, alienado e alienante. Um tempo triste, sem dúvida.

3. DO LABOR COMO MÉTODO DE TRABALHO... OU VICE-VERSA[49]

É mister que se trace alguns contornos referentemente à questão do significado do trabalho. Nesse viés

---

[48] Cfe. F. GUATTARI. *Revolução molecular: pulsações políticas do desejo.* p. 194.

[49] Parodia-se, aqui, o título de um livro do poeta Mário QUINTANA: *Da preguiça como método de trabalho.*

busca-se um referencial teórico que estabeleça uma caracterização, sobretudo conceitual - entre outras mais - acerca da noção trabalho e seus vínculos simbólico-teóricos com a estereotipação de um "modelo obrigatório de felicidade"[50].

3.1. Do trabalho e do labor ao trabalho como labor

A percepção do conteúdo semântico que cerca as noções de trabalho e labor coloca-se como um foco de luz na compreensão da estrutura produtiva que vimos desenvolvendo desde, em especial, o advento da sociedade industrial, bem como, transpondo estes limites, permite o entendimento de sua lógica intrínseca.

As ligações trabalho-labor, e suas distinções, situam-se no interior de um quadro teórico que dá pistas no tocante à transformação das relações produtivas dentro de um processo histórico e permite a visualização do que, com Hannah Arendt, distingue-se como laborização do cotidiano.

É interessante a relação que se pode estabelecer entre esta noção de laborização e o seu conteúdo semântico, tornando claro que, de par com a "evolução" dos sistemas produtivos e da disciplinarização temporal do viver/agir humano, segue um intrincado rearranjo da questão do trabalho/labor.

Da delimitação precisa de significados, quando se permite a percepção do caráter da noção trabalho, passa-se a uma desdiferenciação que impõe uma univocidade, referentemente ao conjunto do processo produtivo.

Assim, estaríamos frente a frente com a superposição de duas situações: a disciplinarização do cotidiano e o processo de laborização do sistema produtivo no interior da sociedade industrial.

---
[50] Expressão cunhada por U. ECO. *Viagem na irrealidade cotidiana.* Ver p. 123.

3.1.1. Da semântica e outras falas

Eis uma situação que se pode vislumbrar a partir da utilização de palavras distintas designando conteúdos diferenciados para o trabalho, tomado em sentido amplo.

Desta forma é que se tem, por um lado, uma palavra relacionada mais de perto a uma atividade rotineira, de esforço e cansativa, de dor e atribulação - veja-se o *laborare*, do latim; *travailler*, do francês; *lavorare*, do italiano; *labour*, do inglês; *arbeit*, do alemão. Ao contrário, por outro lado, há termos diferentes prenhes de um significado atrelado à criação ativa, como: *operare, ouvrer/ouevrer, work* e *werk*[51]. No português, apesar de vocábulos distintos - *labor* e *trabalho* - há uma conjunção significativa dando a trabalho ambas as caracterizações, tendo, ainda, uma raiz etimológica - como o *travailler*, em francês - em *tripalium* (latim) - um instrumento que serviu como meio de tortura.

Neste jogo de significações, embora a eclosão do "homo faber", é a equivalente a labor que se impõe. Assim, se em um caminho temos a glorificação teórica do trabalho e seu consectário de disciplinarização, noutro - mas sobreposto - vemos a vitória de uma forma de trabalho como conteúdo do labor. Estabelece-se, então, um vínculo tanático: a impossível fuga à atividade (trabalho) na integralidade cotidiana, sendo ela, conteudisticamente, labor, ou seja, pena, dor e atribulação (como dito acima).

Tem-se, caracterizadamente, conforme H. Arendt, uma "alma operária", a qual está associada a uma atividade rotineira e fastidiosa. A "docilidade laboriosa" impõe-se, assim, como a assimilação da dor, do esforço e da atribulação diária, dos ritmos e das rotinas do dia-a-dia, no fabrico e no consumo do processo vital.

---
[51] Neste sentido, ver S. ALBORNOZ, op. cit., pp.7 e ss. Também H. ARENDT. *A condição humana*. Ver pp. 58 e 90 e ss.

Esta imposição heterônoma de um conteúdo de vida - no caso, vida de trabalho (de dor no presente para o gozo no futuro) - vincula-se a um determinado tipo dele. Ou seja: impõe-se uma vida de labor.

Saliente-se, todavia, que não há, aqui, uma tomada de posição frente a esta dicotomia trabalho-labor, no sentido daquele, como capaz de resolver todos os males propostos e impostos por este. Trata-se, isto sim, da constatação de uma configuração que se assenta no cerne das sociedades industriais.

Uma polarização única e exclusiva entre *animal laborans* e *homo faber* não tem o condão de sobrepujar o arcabouço modelador do dia-a-dia do ser humano. Embora o labor daquele signifique a atividade desenvolvida no sentido de asseguramento das funções vitais, destinando-se ao consumo imediato, enquanto o trabalho deste esteja relacionado à criação de objetos duráveis[52], experimenta-se a sujeição de ambos a um processo produtivo maquínico, ritmado, parcelizado, sujeito à OCT (Organização Científica do Trabalho) e que se expraia por todos os momentos da vida humana, homogeneizando-a e estereotipando um modo próprio de ser e estar no mundo.

Portanto, não basta a ilusão do trabalho como emancipação do homem, mesmo que isto signifique a liberação de toda a atividade esfalfante - de todo o labor - como pressupõe uma era da automação, onde a possibilidade do *homo ludens* é uma perspectiva real, se se vive numa sociedade de trabalhadores "que já não conhece aquelas outras atividades superiores e mais importantes em benefício das quais valeria a pena conquistar essa liberdade"[53]. Diz-se mais: que já não conhe-

---

[52] "Ao contrário do processo de trabalhar que termina quando o objeto está acabado, pronto para ser acrescentado ao mundo comum das coisas, o processo do labor move-se sempre no mesmo círculo prescrito pelo processo biológico do organismo vivo, e o fim das 'fadigas e penas' só advém com a morte desse organismo". Cfe. H. ARENDT op. cit., p. 109.

[52] Para a noção de Skhole ver N. CUNHA, op. cit., p.53, H. ARENDT op. cit., p. 23, nota 10, e L. BAGOLINI, op. cit., p. 52.

ce a possibilidade de optar pelo o quê fazer ou não fazer, pois a noção de Skhole como apatia, inação, etc., juntamente com a ingestão de uma subjetivização proposta pela industrialização, envolveram completamente o conjunto da vida humana[54].

3.1.2. O trabalho como labor

No que tange em especial ao trabalho como labor, ou melhor à laborização do cotidiano, ocorre que:

> "(...) foi tão completa que, praticamente, excluiu da 'vita activa' o 'homo faber' e a ação. Foi a vida da espécie que, afinal, se afirmou. Tudo o que não é necessário para o metabolismo da vida passou a ser visto como supérfluo ou como alguma peculiaridade da vida humana, em oposição à vida animal. Desapareceram as atividades e passaram a preponderar as rotinas e os processos"[55].

Crer como transparece da citação acima, no potencial do "homo faber", sem transpor os limites da sociedade maquínica em que está inserido, faz parecer ser possível aceitar a inevitabilidade de uma estrutura produtiva que, apesar de garantir a manutenção das necessidades básicas (o que nem sempre o faz) e algo mais, infantiliza o todo do processo vital humano, impedindo qualquer possibilidade de ação que não seja previamente estabelecida em conformidade com os padrões vinculantes da sociedade industrial. O que ocorre, com isso, é o impedimento da percepção de que a separação - ou superação - da dualidade trabalho/labor tenha se "sim-

---

[54] Para a noção de Skhole, ver N. CUNHA, op. cit., p. 53, H. ARENDT op. cit., p. 23, nota 10, e L. BAGOLINI, op. cit., p. 52.

[55] Cfe. Celso LAFER. *A reconstrução dos direitos humanos: um diálogo com Hannah Arendt.* Ver p. 226.

plificado" na unidade fabril, em sua linha de montagem e OCT, na conformação do labor.

As "rotinas e processos" servem tanto à manutenção do "metabolismo" quanto para a produção do "supérfluo" ou daquilo inerente ao homem em sua comparação na escala zoológica.

Importa notar que seja como "animal laborans", seja como "homo faber" o homem atrelado à estrutura da sociedade industrial e à subjetividade por ela induzida gera um reforço em sua sustentação e manutenção. A transformação da "vita activa" em labor, permeia o primeiro entrave deste caminho. E a emancipação do mesmo, a partir da emancipação da necessidade não parece ter o condão de produzir uma alteração radical, ou suficiente, desse quadro. Não se esqueça de que o "homo faber" permanece ligado ao mercado de trocas, produzindo valores de uso - mesmo que sua produção tenha o condão da durabilidade e não do consumo imediato como é o caso do labor - dentro de uma lógica utilitária de mundo, trabalhando não pela satisfação de fazer algo. Talvez se possa dizer que ocorre uma laborização do processo de feitura dos objetos resultantes da atividade do trabalho.

Ainda: apesar de o trabalho, como afirma H. Arendt, não requerer, "para melhores resultados, uma execução ritmicamente ordenada" (p. 158) insiste-se na percepção de que, para as coisas do mundo moderno (que) se tornaram produtos do labor, cujo destino natural é serem consumidos..." (p. 137), um processo de laborização atinge, também, aquilo que seria produto da atividade do "homo faber".

Apesar da dicotomia proposta pela autora de "A Condição Humana", separando a "especialização do trabalho" e a "divisão do labor" o que se vislumbra é que esta, "e não um aumento de mecanização, substitui a rigorosa especialização antes exigida para todo o tipo de artesanato" (p. 137). Dessa forma, impõe-se que se pense numa laborização do processo produtivo de objetos perenes - não imediatamente consumíveis - frutos do trabalho. O *fazer* (do latim *facere*) é agora visto apenas como outra forma de labor (p. 335).

A vitória do labor, apesar da prodigalidade na invenção de instrumentos capazes de tornar exíguas, diminuir a limites extremos, as dores e esforços da vida diária, tornar plausível a sua eliminação, pode-se considerar iminente se se pensar que se caminha no sentido da "passividade mais mortal e estéril que a história jamais conheceu" (p. 336). Assim, a disciplinarização, via detalhes, adicionada à internalização de um modelo de subjetivização pode ser considerado o substitutivo das dores e penas tornados, agora, superáveis pelo trabalho maquínico da era da automação, pois o que se vislumbra - o que se efetiva - é a assimilação do homem ao que "pareceria um processo de mutação biológica no qual o corpo humano começa, gradualmente, a revestir-se de uma carapaça de aço". O labor passado para a máquina retorna ao homem transformado em robô, cuja subjetividade - ou objetividade (?) - é, agora, aquela produzida e imposta pela sociedade industrial.

No trabalho como labor - ou vice-versa - ao final só resta labor. E o homem, nesta rotina, vai levando a "vida", pois, parodiando o poeta[56], laborar é preciso... viver não é preciso.

---

[56] O poeta em questão é Fernando Pessoa, que busca a frase de navegadores antigos, transmutando-a no sentido de que viver não é necessário, mas sim criar. Com a laborização inverte-se-á: mantendo-se a "vida", perde-se o seu aspecto criativo.

Capítulo Segundo

Em busca do tempo perdido

"Então sonhei uma coisa que vou tentar reproduzir. Trata-se de um filme que eu assistia. Tinha um homem que imitava artista de cinema. E tudo o que esse homem fazia era por sua vez imitado por outros e outros. Qualquer gesto. E havia a propaganda de uma bebida chamada de Zerbino. O homem pegava a garrafa de Zerbino e levava-a à boca. Então todos pegavam uma garrafa de Zerbino e levavam-na à boca. No meio o homem que imitava artista de cinema dizia: este é um filme de propaganda de Zerbino e Zerbino na verdade não presta. Mas não era o final. O homem retomava a bebida e bebia. E assim faziam todos: era fatal. Zerbino era uma instituição mais forte que o homem... É um filme de pessoas automáticas que sabem aguda e gravemente que são automáticas e que não há escapatória ..."[57]

Desde a perspectiva apresentada nas páginas precedentes, vislumbra-se a prefiguração, a montagem, a estruturação de um quadro totalizante da vida, a partir de uma ética do trabalho/labor, e sua lógica, dentro de uma ótica de funcionamento global e globalizante.

À fragmentação do processo produtivo, via taylorismo, OCT, etc., segue-se uma segmentação do processo vital como um todo, a partir da serialização do total

---
[57] Ver Clarice LISPECTOR, pp. 37-38.

do devir humano. Ocorre o esquadrinhamento integral do espaço temporal como forma de permitir a inserção completa do homem no aparelho de produção e impedir qualquer espaço de fuga a essa modelização do agir.

É esta nova forma de controle dissimulado que permite a manutenção das estruturas daquilo que F. Guattari chama de Capitalismo Mundial Integrado (CMI)[58] - poderíamos falar em globalização -, atuando indiferencialmente, tanto a nível das sociedades capitalistas ocidentais, quanto das - hoje extintas - de socialismo burocrático.

Como salienta J. Habermas (*Técnica e Ciência Enquanto Ideologia*), no que tange ao problema de fazer história, então assumido como uma tarefa técnica de "reconstruir a sociedade segundo o modelo dos sistemas auto-regulados do agir racional-com-respeito-afins e do comportamento adaptativo, eles pretendem controlar a sociedade do mesmo modo que controlam a natureza". Assim, emerge a conflituosidade entre dois espaços que dividem a sociedade atual: o mundo sistêmico e o mundo vivido. Aquele é o espaço regido pela lógica instrumental, pelo modelo de razão cientificista; este, ao contrário, é comandado pela esfera do consenso, por uma "racionalidade comunicativa" que se rege pela linguagem entre os agentes sociais. Entretanto, sublinha-se também a preponderância, a prevalência, dos estratos do mundo sistêmico sobre as possibilidades das atitudes consensuais lingüisticamente mediatizadas. Ocorre uma perspectiva açambarcadora dos espaços não-sistêmicos por uma lógica tecnoburocrática, própria da esfera sistêmica[59].

---

[58] "O Capitalismo contemporâneo é mundial e integrado porque potencialmente colonizou o conjunto do planeta, porque atualmente vive em simbiose com países que historicamente pareciam ter escapado dele (os países do bloco soviético, a China) e porque tende a fazer com que nenhuma atividade humana, nenhum setor de produção fique fora do seu controle". Cfe. F. GUATTARI, *Revolução Molecular*, pp. 221 ss.

[59] Ver J. HABERMAS. *Técnica e Ciência Enquanto Ideologia*. *In Os Pensadores*. p. 339. Também: Entrevista com Sérgio Paulo ROUANET e Barbara FREITAG,

Neste sentido é que as relações trabalho-tempo livre assumem contornos específicos de importância. Não se trata da verificação quantitativa das relações existentes entre eles, que, como vimos, perde importância a cada dia, mas das reais implicações de uma sujeição integral à lógica produtiva capitalista (ou socialista burocrática) produtora de um modelo sistêmico de ser e estar no mundo.

Enfatize-se: não se trata do desconhecimento das lutas (importantes) para a recuperação do tempo maximizado, entregue à fábrica nos primeiros momentos da Revolução Industrial.

Saliente-se, contudo, que à recuperação de espaços não se seguiu um rearranjo das formas de dominação impostas pela lógica capitalista-fabril. Aos períodos reconquistados foram suprimidos, via introjeção de um modelo comportamental, via desaparecimento das relações comunicacionais, via normalização detalhística do agir, todas e quaisquer possibilidades de fuga a um molde prefixado de normalidade, a ponto de a liberação de tempo ser, inclusive, fomentada pelo próprio modelo produtivo.

Não parece crível, portanto, que uma desvinculação dos períodos temporais e uma tentativa individualizada de reapropriá-los possa surtir os efeitos desejados. Precisa-se ter claro que cada margem de suficiência criada tem, como resultante, em contrapartida, uma garantia no que se refere às possibilidades de recuperação pelo "sistema", embora isto não possa se expandir ao infinito como pode parecer à primeira vista.

Se assim é, a questão da possibilidade de produção de um tempo livre, efetivamente, não passa tão só pela recuperação ou busca quantitativa dele e, sobretudo, numa ocorrência apartada.

Folha de São Paulo, Folhetim, n°. 549 de 14.08.87, fls. B2 a B5; Ainda: Sergio Paulo ROUANET, *Um Reformista Radical* (entrevista), Jornal do Brasil, Idéias, n°. 134 de 22.04.89, fls. 8 e 9.

Há uma duplicidade de mais-valia que é apropriada pelas classes dominantes. Para além daquela econômica, ocorre a apropriação de uma mais-valia de poder, por meio de uma cultura valor, como propõe F. Guattari. Tende-se, por conseguinte, a sublinhar que esta situação se projeta no que se refere à assimilação de uma cultura baseada no binômio trabalho-consumo. Dessa forma, a revalorização e reavaliação dos projetos de controle temporal devem passar, inequivocamente, pela recuperação do tempo perdido, mas desde uma percepção que leve em conta os vários aspectos da questão. Isto só se dá a partir de uma preocupação quanto à qualidade do tempo em sua totalidade.

4. CAMINHOS DIFUSOS... RUMOS CERTOS

Em torno à idéia de que uma alteração nesta realidade não se dá a partir da liberação de períodos de tempo, uma vez que nestes se mantêm os vínculos e amarras de uma estrutura que não se limita aos marcos do processo produtivo fabril, mas expande-se a todos os recantos do viver, percebe-se então que as possibilidades de fuga à sua lógica, colocam-se longínquas, levando-se em consideração que tão-somente a abertura de espaços não possibilita que haja um posicionamento alheio à sua influência. Ao contrário, a abertura destas "brechas" enseja a montagem de uma estrutura de recuperação continuada de qualquer possibilidade disruptiva.

A redução das jornadas de trabalho não só não é suficiente, como, por si só, não é, também, eficiente para uma alteração substancial nos traços característicos das sociedades de molde industrial, sejam capitalistas ou socialistas burocráticas - as restantes! -, embora isto, no contexto atual, pudesse trazer reflexos problematizantes de monta nas bases destas estruturas.

Estes espaços repostos de "tempo livre" são reapropriados via toda uma estrutura de equipamentos coletivos e, principalmente, via amoldamento e homogeneização das atitudes do dia-a-dia, bem como por todo um conjunto de lazeres programados e aceitos como característicos do bom cidadão, do "operário padrão", do homem civilizado, além das estruturas institucionais policiais-judiciárias que atuam nesta área.

A qualificação do tempo liberado não é condição única para uma revisão do processo de produção de uma subjetividade impregnada pelo caráter redutor do trabalho-labor, pois:

> "Não contribui para a expansão da esfera de autonomia individual se o tempo livre continua sendo o tempo vazio do 'lazer', preenchido, bem ou mal, pelas diversões programadas do *mass media*, pelos mercadores do escapismo e pelo recuo de cada um na solidão da esfera privada"[60].

Vê-se então, que não basta tão-só a (re)conquista e consagração do "tempo livre". Tal realização, embora momento importante na luta da(s) classe(s) trabalhadora(s), via ampliação, deve levar em conta uma redefinição de seu conteúdo e de seus vínculos.

> "O problema não é deixar um tempo livre - que correria o risco de ser um tempo vazio - aos indivíduos, para que eles possam preenchê-lo a seu bel-prazer, ou com 'poesia' ou com escultura em madeira. O problema é fazer de todo o tempo, um tempo de liberdade e permitir que a liberdade concreta se encarne na atividade criadora. O problema é colocar poesia no trabalho. (Poesia significa exatamente criação)"[61].

---

[60] Cfe. André GORZ, op. cit., p. 95.

[61] Ver C. CASTORIADIS, *Socialismo ou Barbárie*, p. 96.

As possibilidades técnico-materiais para a redução substancial do tempo de trabalho/labor colocam ainda mais em evidência a necessidade de quebra da ordem do trabalho/labor de molde capitalístico e a subjetividade por ele produzida, como pressuposto para a sua qualificação; para evitar que se torne um simples reflexo da monotonia da linha de montagem e da maquinização, as quais constroem e moldam o conjunto das relações humanas, tanto em suas representações conscientes quanto em suas representações inconscientes, como indica F. Guattari.

É neste momento que se deve ter presente que o que está em jogo é o domínio sobre cada passo do devir humano, por intermédio da modelização do trabalhador, da sua dependência face à máquina produtiva, do "esmagamento do desejo com exceção de suas formas residuais e 'normalizadas'".[62]

Neste quadro referencial é que Guattari propõe a noção de *subjetividade capitalística*, "uma subjetividade de natureza industrial, maquínica, ou seja, essencialmente fabricada, modelada, recebida, consumida". Àquilo que se identifica com ideologia, o autor prefere denominar por produção de subjetividade, de toda uma estrutura societal industrial que está ligada a "uma imensa máquina produtiva de uma subjetividade industrializada e nivelada em escala mundial que se tornou dado de base na formação da força coletiva de trabalho e da força de controle social coletivo."[63]

Deve-se salientar, aqui, de acordo com Suely Rolnik, que:

> "Guattari acrescenta o sufixo *'ístico'* a *'capitalista'* por lhe parecer necessário criar um termo que possa designar não apenas as sociedades qualificadas como capitalistas, mas também setores do 'Ter-

---

[62] Ver. F. GUATTARI. *Revolução Molecular*, p. 14.

[63] id. *Micropolítica*, pp. 25 e 39.

ceiro Mundo' ou do capitalismo 'periférico', assim como as economias ditas socialistas dos países do leste, que vivem uma espécie de dependência e contradependência do capitalismo. Tais sociedades, segundo Guattari, em nada se diferenciariam do ponto de vista do modo de produção da subjetividade. Elas funcionariam segundo uma mesma cartografia do desejo, no campo social, uma mesma economia libidinal-política ..."[64]

Portanto, "... esses dois tipos de sociedades transpiram a mesma espécie de impossibilidade de sair desse cerco pseudopersonológico. E, aí, acho que dá para falar, sem dúvida, de uma modelização, ou de uma produção de subjetividade completamente alienada".[65]

Nestes moldes, tem-se que a totalização e laborização do viver, produzindo um estereótipo açambarcador da totalidade dos espaços do agir humano, está presente como regra geral no mundo todo e, quando se fala na produção de um modelo definido e, em termos, definitivo do social, deve-se assumir sua inserção mundial nos parâmetros da sociedade industrial e do CMI.

Interagem, aqui, aspectos diversos de uma estrutura que persegue e prepara a redução integral do homem a um processo maquínico, seja pela recuperação das atitudes desviantes, seja pelo "desconhecimento" das mesmas, seja, ainda, através das formas várias de esquadrinhamento social. Ocorre uma necessidade funcional do sistema de apoderar-se dos e regularizar os mínimos detalhes. Nada lhe pode escapar ao controle, tanto em nível de opressores, quanto em nível de oprimidos. Esta é sua força principal, que atua apesar das intersecções diferenciadas que se estabelecem para as relações temporais de cada um destes, digamos, segmentos do conjunto social.

---

[64] Ver em *Micropolítica...*, nota 1, p. 15.

[65] Cfe. F. GUATTARI, *Micropolítica*, p. 129.

Para isto desenvolvem-se várias situações e atitudes impeditivas de "fugas" aos padrões estabelecidos. Devem, por conseguinte, desaparecer - desaparecem efetivamente (?) - as possibilidades de desvios e, assim, um novo e diferente arranjo em bases materiais, embora possa representar uma humanização das relações de trabalho, não significaria a abertura de novos caminhos. Pelo contrário.

Ao lado de tais "políticas sociais", as inovações tecnológicas, atuando dentro do quadro proposto (uma estrutura alienante, de produção de uma subjetividade capitalística), desempenham uma função legitimadora de uma configuração estanque das "maravilhas" do mundo industrial.

De par com a redução da jornada de trabalho e as engenhosidades eletroeletrônicas, as "políticas sociais" agem como elementos minimizadores das angústias e dilemas da sociedade do CMI.

Seja pela economia de tempo, seja pela implementação de tentativas de redução dos problemas da "transformação duradoura de *trabalho não assalariado* em *trabalho assalariado*"[66], o que ocorre é uma contribuição para a integração da força de trabalho no quadro da estrutura laborativa da sociedade industrial, via mercado de trabalho. Agem, então, como instrumentos privilegiados de manutenção e reforço do "status quo". Há uma garantia, via "melhoria de condições de vida", da continuidade.

Ou seja: este tipo de atitude tem dois objetos sobre os quais atua:

a) Procura, por um lado, minimizar os riscos vitais para o trabalhador, tornando-os, em certo sentido, assimiláveis, o que se poderia denominar, de forma geral, por humanização das relações de trabalho;

---

[66] Ver c. OFFE, op. cit., p. 15.

b) Busca impedir a evasão para outras formas de organização ou, de outro modo, intenta a amarração do homem a um processo específico através do estabelecimento de uma forma de subjetividade - capitalística - que impede e/ou busca recuperar toda e qualquer possibilidade de singularização[67], bem como impõe sub-repticiamente o acatamento das estruturas normalizadas.

No que tange, em específico, aos países de industrialismo avançado - os "países ricos" - esta situação se torna ainda mais complexa, na medida em que as melhorias no padrão de vida das pessoas é algo palpável, o que desencadeia um processo efetivo de "participação material e inconsciente nos sistemas dominantes do capitalismo monopolista de estado e do socialismo burocrático"[68], por parte, em especial, da(s) classe(s) operária(s). Assim, nas relações com os "outros" (países coloniais, terceiro mundo) ela(s) está(ão) implicada(s) na sua exploração internacional. Esta é a sua "participação material".

Além disso, "os trabalhadores reendossam mais ou menos passivamente os modelos sociais dominantes, as atitudes e os valores mistificadores da burguesia..."[69] Agem como condutos propagadores de sua própria dominação, de sua desumanização.

Para C. Castoriadis, a hiperprodutividade e, conseqüentemente, a elevação continuada, a maximização do

---

[67] Cfe. Suely ROLNIK, este termo "é usado por Guattari para designar os processos disruptores no campo da produção do desejo: trata-se dos movimentos de protesto do inconsciente contra a subjetividade capitalística, através da afirmação de outras maneiras de ser, outras sensibilidades, outra percepção, etc.". Ver *Micropolítica*, p. 45, também p. 17. "É o abandono de velhos territórios pela invenção de novos", no dizer de M. CHAUÍ, *"Singularização e Autonomia"*, Folhetim nº. 490.

[68] Cfe. F. GUATTARI. *Revolução Molecular*, p. 12.

[69] id. ibid., p. 12. Como diz S.P. ROUANET: "as próprias forças produtivas, em certo sentido, passaram a ser usadas como fonte de legitimação de um sistema tecnocrático. É em nome da maximização das forças produtivas que o sistema tecnocrático moderno se legitima". Folhetim, nº. 549.

nível de vida atinge limites de absorção, o que ocasiona a imposição da fomentação e "invenção" de necessidades, o estabelecimento de atividades anacrônicas, etc. Mas, na seqüência, estes expedientes não conseguem se manter atemporalmente. Entre as soluções então colocadas, surge a de projetar uma redução acelerada do tempo de trabalho. Isto, para Castoriadis, teria efeitos disruptivos para o sistema como um todo.

Entretanto, impõe-se, aqui, a inserção da variável que diz com a imposição silenciosa, e conseqüente introjeção, de um modelo próprio (comum) de vida (de agir e de comportamento), ou seja, de um modelo vivencial preestabelecido, pronto e acabado, com o qual se garante uma liberdade vigiada para este homem liberto dos limites físicos da fábrica.

Necessita-se, então, retomar a questão, anteriormente colocada, relativa às políticas sociais, para, com Habermas, fazer uma nova aproximação explicativa. Em primeiro lugar, deve-se ter consciência do papel desempenhado pelo *Welfare state*, no sentido de assegurar níveis razoáveis de bem-estar social. Surge o que este autor chama de um "programa de substitutivos" que

"(...) conjuga o momento da ideologia burguesa do rendimento (que desloca, entretanto, do mercado para o sistema escolar, a atribuição de *status* conforme a medida do rendimento individual) com a garantia do mínimo de bem-estar social, a perspectiva de segurança do lugar de trabalho, bem como a estabilidade dos vencimentos"[70].

Em segundo lugar, esta "ação do Estado não pode ser percebida como política, e deve ser vista como simplesmente instrumental, a serviço de uma racionalidade imanente, que tem seus próprios imperativos"[71]. É dessa forma que a "felicidade das massas só pode ser

---

[70] Ver J. HABERMAS, op. cit., p. 329.

[71] Ver S. P. ROUANET, op. cit., p. 277.

conseguida com o auxílio das compensações das 'necessidades privatizadas'. A interpretação das realizações, pelas quais o sistema se justifica, em princípio, não deve ser política: ela se refere imediatamente à partilha, neutra quanto à sua aplicação, do dinheiro e do tempo livre de trabalho, e mediatamente, à justificação tecnocrática da exclusão das questões práticas"[72].

Estes dois níveis interpenetram-se para interagir com a produção de um modelo único e uniforme de subjetividade, criando um parâmetro objetivo de felicidade, a partir de escalas materiais de riqueza, bem como de padrões simbólicos de subjetividade, tornando "cada vez mais difícil a atribuição de *status* aos mecanismos de avaliação do desempenho individual de uma maneira pelo menos subjetivamente convincente"[73].

Neste sentido é que se pode estabelecer alguns vínculos entre os pensamentos de Guattari e de Habermas, guardadas as devidas proporções. À idéia de ideologia (consciência) tecnocrática habermasiana, pode-se agregar a concepção de subjetividade capitalística de Guattari, para se perceber a completude do amoldamento proposto e produzido pelo sistema industrial.

"O Estado não faz mais que seguir a lógica específica da razão técnica e científica: não toma decisões práticas (políticas) e sim decisões técnicas, que não são contingentes, e sim necessárias, porque estão radicadas na objetividade de um saber que como tal é invulnerável à crítica. A visão do mundo que afirma o caráter necessariamente técnico da ação do Estado corresponde à ideologia tecnocrática. Ela propõe 'perspectiva segundo a qual o desenvolvimento do sistema social parece ser determinado pela lógica do progresso técnico-científico', e cujo efeito mais imediato, uma vez difundida no conjun-

---

[72] J. HABERMAS, op. cit., p. 336.

[73] id. ibid., p. 343.

to da população, é despolitizar a opinião pública, e impedi-la de questionar os fundamentos do sistema"[74].

É neste viés que esta "consciência tecnocrática" atua de forma contingente com a introjeção de uma subjetividade - que é ideologia no sentido dado por Guattari - capitalística, configurando o traço característico do homem, que passa, então, a "auto-objetivar-se na perspectiva exclusiva da ação instrumental e do comportamento adaptativo", na assertiva de Sergio Paulo Rouanet.

É, assim, que esta ideologia (produção de subjetividade) funciona sob um duplo aspecto: por um lado uma maximização ideológica e, por outro, uma sub-ideologização, uma minoração deste prisma. De uma banda - menos ideológica - deve-se aceitar que os benefícios materiais são reais e autênticos; como diz Habermas, a "consciência tecnocrática é, ..., 'menos ideológica'... pois ela não possui a violência opaca de um ofuscamento que joga apenas com a ilusão de satisfação dos interesses". De outra - mais ideológica - pois atua de forma a empalidecer, ofuscar a possibilidade de interações subjetivas baseadas numa relação mutuamente aceita; "ela não somente justifica um interesse de dominação parcial de uma 'classe determinada' e oprime a necessidade parcial de emancipação por parte de 'outra classe', como também atinge o interesse emancipatório da espécie humana, como tal", conforme salienta o mesmo autor[75].

Assertiva no mesmo sentido é feita por Guattari quando argumenta na direção da impossibilidade e insuficiência, em especial, de uma repressão estrita. Dessa forma, o capitalismo se vê na iminência de compor e impor um estereótipo próprio de subjetividade (de

---

[74] Cfe. S.P. ROUANET, op. cit., pp. 279-280.

[75] Cfe. J. HABERMAS, op. cit., p. 333.

desejo), assim como é imprescindível que haja a sua interiorização por parte da(s) massa(s).

Neste caso se apresenta límpida a atuação de um esquadrinhamento minucioso e detalhista do devir humano. Como salienta este autor:

> "(...) procura-se de preferência controlar as pessoas com laços quase invisíveis que as prendem mais eficientemente ao modo de produção capitalista (ou socialista burocrático), na medida em que elas o investem de modo inconsciente"[76].

Todo este quadro, onde se somam meios tendentes à implantação de uma disposição para o trabalho maquínico a estruturas institucionais de humanização e impedimento da fuga do processo laborativo dominante e, ainda, um estereótipo de subjetividade que deve ser assumido e vivido pelos indivíduos no seu dia-a-dia, interage no sentido integrativo de consumação e fabricação das relações do ser humano consigo mesmo e com o que o rodeia. Tudo no intuito de abafar as possibilidades de singularização que possam vir à tona, pondo em risco todo este emaranhado conformador da vida.

A *infantilização* - que C. Offe adjetiva como burocrática - parece ser a tônica desta ordem de coisas. As possibilidades de autonomia, mobilização, ruptura, mesmo nos processos de cunho coletivo, parecem perder a batalha, ainda que se considere o caráter e o conteúdo de grande parte das demandas que buscam a definição e satisfação dos "desejos" da população - regra geral vinculados a padrões materiais de vida. Para além, aquelas problematizações que, eventualmente, tenham uma feição disruptiva devem ser, imediatamente, rotuladas e classificadas dentro de um padrão "aceitável" de referência. É a garantia de que as margens abertas sejam abarcadas pelo sistema de recuperação[77].

---

[76] Cfe. F. GUATTARI, *Revolução molecular*, p. 64.

[77] Como diz C. CASTORIADIS a "Situação infantil é, de início, receber sem

À infantilização, somam-se as funções de culpabilização e segregação que atuam vinculadas a quadros referenciais imaginários, os quais promovem um marco ao qual, não só os valores, mas também os desejos deverão se remeter. Dessa forma, inibe-se discretamente toda e qualquer possibilidade de afrontamento aos padrões estabelecidos sem a necessidade de sistemas repressivos materialmente detectáveis, pois a ordem capitalística assume-se como a própria ordem "normal" das coisas. Mas, a "apropriação da produção de subjetividade pelo CMI esvaziou todo o conhecimento da singularidade. É uma subjetividade que não conhece dimensões essenciais da existência como a morte, a dor, a solidão, o silêncio, a relação com o cosmos, com o tempo".[78]

Portanto:

> "O comportamento socialmente desejado não é obtido somente sob a forma negativa do recalque, mas sob a forma positiva da interiorização... O recalque..., e a internalização, alcançada por intermédio do Superego, leva à observância automática das normas funcionais para o sistema de dominação... A internalização de normas através do Superego e a supressão de motivos indesejáveis através do recalque, ambos inconscientes, são processos complementares. Ambos têm em comum o fato de removerem da discussão pública significações articuladas lingüisticamente... Os dois mecanismos inibem a problematização discursiva, num caso impedindo interpretações disfuncionais, e no outro impondo conteúdos normativos não-legitimáveis"[79].

---

dar, em seguida fazer ou ser para receber". In: *A Instituição imaginária da sociedade*. p. 114.

[78] Ver F. GUATTARI, *Micropolítica*, p. 43.

[79] Cfe. S.P. ROUANET, *Teoria crítica e psicanálise*, pp. 328 e 329.

Em virtude disso, a quebra da relação trabalho/tempo livre, o desfazimento deste "tempo de equivalências", como denomina Guattari, apresenta-se como questão de relevância. Processos disruptivos da mesma fazem parte de uma (re)definição do projeto humano, a partir do destroçamento de certos laços de união. Neste sentido, seria "preciso ousar o desregular da vida quotidiana, fazendo-a seguir de uma responsabilidade do indivíduo em função do seu meio-ambiente e de seu futuro. É o contrário da busca desvairada de segurança a todo o preço, que não faz mais do que reforçar a infantilização social"[80].

Para tanto, será necessária a ocorrência de "uma espécie de resistência social que deve se opor aos modos dominantes de temporalização. Isso vai desde a recusa de um certo ritmo nos processos de trabalho assalariado, até o fato de certos grupos entenderem que sua relação com o tempo deve ser produzida por eles mesmos..."[81]

Trata-se de processos de elaboração afirmativa de uma singularização, ou seja, a busca de uma autonomia[82] a partir da quebra da lógica capitalística. É óbvio que se consubstancia uma luta árdua em face dos meios tendentes à recuperação destes "desvios", bem como das formas mais micro ou particulares e passivas de desconhecimento até formas especificamente violentas de amoldamento.

---

[80] Cfe. Hughes de VARINE, op. cit., p. 186.

[81] Cfe. F. GUATTARI, *Micropolítica*, p. 47. São "crises de motivação" onde os atores não querem mais participar do sistema oficial, nem político, nem econômico. Não querem mais trabalhar..." - S.P. ROUANET, Folhetim, n. 549. Sobre trabalhadores garantidos ver GUATTARI, *Micropolítica*..., p. 189.

[82] Para Guattari, a autonomia é uma função que atua num nível micropolítico, qual seja, o da produção de subjetividade. Dessa forma ela está intrinsecamente ligada aos processos de singularização que visam a quebra da subjetividade capitalística. Ela, como quer C. CASTORIADIS, deve ser o meu discurso que assume o lugar do de outrem, de um discurso estranho internalizado e dominante, relacionado a um imaginário que toma para si a definição da realidade e do desejo.

A recuperação do tempo perdido passa pela busca e criação de espaços de autonomia capazes de produzir o seu vir-a-ser. Todavia, saliente-se que:

> "(...) de duas uma: ou essas perturbações se complementarão com mutações da subjetividade social capazes de as conduzir 'longe dos equilíbrios' existentes, em direção a vias emancipadoras ou criativas; ou de crise em crise, essas perturbações oscilarão em torno de um ponto de conservadorismo, de um estado de estratificação e depressão repressivos com efeitos cada vez mais mutiladores e paralisantes"[83].

5. SONHAR ACORDADO

Trava-se, então, uma luta árdua entre as estruturas do poder tecnológico nas sociedades industriais, tanto nas mais avançadas, ditas desenvolvidas, quanto nas demais - subdesenvolvidas, de terceiro mundo, ou mesmo naquelas "em desenvolvimento" (um eufemismo) - embora nestas este embate pareça mediatizado pela ocorrência de modelos ainda tradicionais e a retomada e garantia do processo vital[84]. Paira uma ameaça simbólica, sobretudo. É uma batalha pela quebra da lógica temporal hegemônica, com suas conseqüências, e a instauração de um processo real de compromisso com a vida, o homem e "seu" tempo, a ruptura entre o ter e o ser.

---

[83] id. ibid., p. 196.

[84] Deve-se salientar, com S.P. ROUANET (JB, Idéias, 22/04/89) que "não se pode superestimar esta diferença, ela é menor do que se imagina, afinal o mundo é o mesmo, o capitalismo é o mesmo e as leis do capitalismo não mudam daqui para ali. Existe o fenômeno da internacionalização do capital. A lei do valor no estado do Piauí não é diferente da lei do valor no estado da Baviera. A lógica é a mesma". Ou seja: está-se submerso no CMI.

A característica de uma tal postura leva em conta o conteúdo estrutural de um sistema de produção baseado na impossibilidade de permitir "tempos mortos de averiguação na base", ou tempos que fujam à sua visão panóptica, o que seria a própria possibilitação de uma transmissão em cadeia de sua corrosão.

A regulação sistemática dos espaços temporais e seu conteúdo permitem assegurar a permanência de um cerimonial de vida, criando um "modelo obrigatório de felicidade", na expressão de Umberto Eco. Assim, a busca e o reencontro com uma vida não serializada, pré-programada, impõe a tomada de consciência, acerca da necessidade de desregular a lógica temporal do processo produtivo capitalístico e o tipo específico de subjetividade por ele produzido, fabricado.

Para isto não basta que se busque diferenciar o tempo livre do tempo de trabalho, pois a força de apropriação produzida pelo mesmo imprime àquele o seu modo de ser. Como releva Boaventura de Sousa Santos:

> "E não me refiro apenas ao tempo homogêneo e abstrato que, tal como o do trabalho, domina o turismo organizado. Refiro-me ao tempo do quotidiano, ao *jogging*, ao exercício físico, à maquilhagem, à aparência física cada vez mais importantes como forças produtivas do trabalhador, sobretudo do trabalhador de serviços que vende tanto o trabalho da aparência física como qualquer outro que tem de fazer"[85].

Esse processo de homogeneização é perpassado por uma estrutura ideo-"comunicacional" que produz uma visão universal com base em um projeto racional de valor inequívoco e indiscutível. Esta característica está posta na projeção da cultura, valor do trabalho e na

---
[85] Ver Boaventura de S. SANTOS. *O social e o político na transição pós-moderna*. pp. 46 e 47.

subjetividade capitalística por ela implementada. A estrutura está colocada, não cabe discuti-la; busque-se, assim, apenas adaptação - tal é o raciocínio que se efetiva. A quebra desta "organização comunicativa" - na expressão de Guattari - produziria a ruptura do processo da "força coletiva de trabalho".

A percepção deste sentido colocado no interior do processo produtivo é indispensável à aproximação de uma nova relação entre tempo livre e tempo de trabalho, quebrando a dicotomia e contrariedade entre eles, bem como a sua homogeneidade produtiva, que privilegie a reapropriação do homem - da vida - pelo homem, pois o espaço existencial humano não pode ser composto por períodos estanques e momentos descartáveis. O sonho faz parte da prática diária; deve ser sonhado acordado.

Como diz L. A. Warat:

"A felicidade e o prazer não podem nunca ser um prolongamento eletrônico, convertidos em momentos de readaptação às máquinas produtivas"[86].

É precisamente por isto que se precisa ter muito nítidas algumas colocações habermasianas a respeito do destroçamento daquilo que ele denomina "ação comunicativa", ou seja, o quadro institucional, onde se operam as interações simbolicamente mediatizadas, uma intersubjetividade lingüisticamente mediatizada.

O restabelecimento de um espaço interativo isento dos vínculos dos sistemas do agir racional-com-respei-

---

[86] Cfe. Luis A. WARAT. *Manifesto do surrealismo jurídico*. p. 99. Esta compreensão parece ser imprescindível tanto a trabalhadores como a profissionais do Direito, em especial àqueles que militam na área sindical, para que a sua produção não seja simplesmente mais um elo na cadeia de transmissão de uma lógica do trabalho, capitalística; para que convenções e dissídios coletivos, especificamente, possam representar uma alternativa ao conteúdo capitalístico do Direito do Trabalho e não apenas um espaço adaptador da realidade, atuando como um sistema de transmissão dessa subjetividade, não só pela propagação de uma ideologia do trabalho, no viés de uma ética ascética, como também pela profundização de um regramento homogeneizado do viver.

to-a-fins adstritos a comportamentos adaptativos coloca-se como momento privilegiado de recuperação do tempo perdido. Aqui se esboça o retorno à esfera da interação e o afastamento dos laços de aço criados pela esfera da ação instrumental, os quais produzem "a obliteração, na consciência dos interessados, da própria distinção entre ação instrumental e ação comunicativa"[87]. O espectro das relações intersubjetivas passa a ser dominado pelo âmbito das relações instrumentais.

Acontece, então, que:

"Se ação comunicativa, baseada em normas que precisam ser justificadas, é substituída pela ação instrumental, baseada em regras que não precisam qualquer outra justificação que sua própria eficácia, a falsa consciência ingressa numa fase qualitativamente nova... Ela consiste agora,..., em não exigir sequer essas pseudolegitimações, pois num mundo em que as regras assumiram o lugar das normas, não existe mais o que ser legitimado. A *praxis* se anula diante do comportamento condicionado"[88].

O que ocorre, aqui, é a maximização do controle, através da lógica dominante do agir instrumental ligado a um plano, onde a linguagem independe do contexto, ficando adstrito a um conjunto de habilidades - referenciadas por uma competência técnica.

Este domínio de um sistema de agir racional-com-respeito-a-fins, vinculado ao comportamento adaptativo, tem como resultado a total incapacidade do homem em articular o seu ser-estar no mundo, pois a "comunicação real, baseada no reconhecimento recíproco de normas, em princípio validáveis discursivamente é substituída pela pseudocomunicação entre sujeitos incapazes de articular desejos incompatíveis com aquelas normas"[89].

---

[87] Ver S.P. ROUANET, *Teoria crítica e psicanálise*, p. 280.

[88] id. ibid., p. 280.

[89] id. ibid., p. 328.

Deve-se ter presente, todavia, que esta atitude, de forma alguma, emerge despretensiosamente dentro dos padrões capitalísticos do sistema industrial-maquínico. Tal se dá, pois a aparição do "animal laborans", bem como sua fixação, está condicionada à compulsão pulsional sacrificial do homem ao labor, sendo que, por outro lado, um "programa de substitutivos" "repõe" compensatoriamente esta repressão libidinal de forma fantasiada, excluindo aprioristicamente "a discussão sobre aceitação de padrões que só seriam aceitáveis a uma formação democrática da vontade"[90].

Entretanto, um viés analítico precisa ser realçado ao lado desta reavaliação face ao "agir comunicativo". Trata-se de perceber que à valorização desmesurada da esfera instrumental soma-se a inserção ilimitada, como meio privilegiado de explicação e compreensão do processo vital como um todo, de uma "razão cientificista", que se arraiga, a partir de padrões positivistas, onde a razão segue o caminho das verdades únicas, os dogmas.

> "O senso comum positivista põe fora de ação o sistema de referência da interação em linguagem corrente, na qual dominação e ideologia surgem sob condições de comunicação deformada, mas onde elas também podem ser reflexivamente evidenciadas. A despolitização da massa da população, legitimada pela consciência tecnocrática, é ao mesmo tempo uma auto-objetivação do homem tanto nas categorias do agir racional-com-respeito-a-fins como nas do comportamento adaptativo: os modelos coisificados das ciências se imiscuem no mundo do viver sócio-cultural e adquirem poder objetivo sobre a auto-compreensão. O núcleo ideo-

---

[90] Para esta noção, ver Sergio Paulo ROUANET, op. cit., pp. 334 e ss. e J. HABERMAS, op. cit., em especial p. 330.

lógico dessa consciência é a diminuição da diferença entre práxis e técnica"[91].

Impõe-se, então, num primeiro momento, a destruição dos vínculos de uma mensagem com uma verdade única, ou seja, a desmistificação da mesma como forma única e exclusiva de perceber e lidar com as relações intersubjetivas, a partir da instauração de um equilíbrio instável permeado por uma reformulação contínua.

É a necessidade de que uma organização comunicativa atue no sentido de o público estar capacitado a discutir a mensagem que lhe chega, desde a percepção de que ela carrega interpretações múltiplas.

Ou seja: "A tarefa da imaginação, hoje, é instaurar uma corajosa tolerância de todo o fantástico". Implica, isso, a quebra do sistema baseado na razão instrumental e a entrada em circulação de um processo racional não totalizante e repressivo que permita combater as estruturas asfixiantes das relações intersubjetivas e fomente o desenvolvimento utópico de um projeto de autonomia para todos[92].

Buscar o quê, o como, o porquê, o para que fazer?, impõe a capacidade de repensar a vida para além dos limites de manutenção, experimentados pelo "animal laborans", bem como do utilitarismo do "homo faber". A própria possibilidade tecnológica do "homo ludens" imputa estas responsabilidades, em especial a de instauração de uma "cultura de readaptação contínua", na

---

[91] Cfe. J. HABERMAS, op. cit., pp. 336/337. Com isto percebe-se que: "Diante de uma ciência que julga, ingenuamente, proceder 'intentione recta', isto é, ter seu objeto diante dos olhos, a crítica do cientificismo consiste em trazer à consciência a dimensão da epistemologia, mostrando que a realidade aparentemente inocente é na verdade o produto de várias mediações, e que os objetos que se oferecem à ciência são pré-estruturados por certos 'a priori' sem os quais a objetividade é impossível". (S.P. ROUANET, op. cit., p. 256).

[92] Ver Umberto ECO, op. cit., pp. 104, 149 e 174. Também, acerca de uma outra racionalidade, ver L.A. WARAT, op. cit.

expressão cunhada por Umberto Eco. Ou seja: "a ruptura simbólica do tempo instituído".[93]

A idade de ouro não pode ter o preço da eternização do homem como uma estátua, fria, imóvel (imobilizada), tão só com juntas articuladas.

Apenas sob outros contornos, a possibilidade do "homo ludens" traria conforto ao ser humano. Os acréscimos de tempo livre, oportunizados pela automação, não podem significar apenas o aumento dos espaços de descompromisso. A transformação das festas ocorridas desde os primórdios da Revolução Industrial em "hobbies sedentários", levada ao paroxismo, traria a redenção completa aos parâmetros da subjetividade capitalística, uma forma totalitária de subjetividade.

Não basta uma dessacralização dos horários de trabalho, visando à redução dos horários convencionais de, por exemplo, uma jornada semanal de quarenta horas. Isto se obteria via adoção de horários flutuantes ou de semanas de quatro dias, com uma jornada diária de dez horas[94]. Não basta uma poupança do tempo destinado ao trabalho se, depois, é gasto (consumido como Coca-Cola), por não se saber qualquer coisa melhor para fazer com ele.

Na discussão do tempo livre, exige-se um debate acerca de todo o modelo de vida imposto pela sociedade industrial, de toda a estrutura totalizadora que se impõe na vida cotidiana do homem.

A recuperação da condição humana exige a deslaborização da "vita activa" e a inserção em um processo democrático que se caracterize por não pôr amarras no processo social. Não significa a ausência de regras, mas a invenção de *normas* de um novo tipo, com uma lógica onde a estabilidade não seja medida a partir do engessa-

---

[93] Cfe. L.A. WARAT, op. cit., p. 81.

[94] Ver Renato REQUIXA, LAZER, *in* José M. WISNICK *et al. A virada do Século*. pp. 85-96.

mento do processo conflitivo. Regras do jogo não são para acabar com ele, mas para permitir que se desenvolva, a partir do movimento dos envolvidos. Tudo num jogo sugere ação, movimento, nunca estancamento, paralisia.

Esse compromisso com o jogo e seu desenvolvimento exige a descaracterização de um processo de alienação que atua concomitantemente ao tipo de produção serializada que é inerente ao protótipo de sociedade industrial que temos em ação, onde a atividade se desenvolve no ritmo mecânico das máquinas, excluindo-se qualquer possibilidade inventiva, criativa; expurgando toda atividade de pensamento. Vive-se, dessa forma, doentiamente, já que há uma quebra na relação entre o viver criativo e o viver propriamente dito. Fazer desaparecer aquele do cotidiano do trabalho significa estabelecer uma base doentia para a vida[95].

O produto - alienação[96] - é parte deste processo a que estamos ligados referencialmente e que denominamos, com Guattari, de subjetivização ou de produção de subjetividade e que, em última instância, é correlato daquilo que em regra identificamos como ideologia.

Ou seja: a (esta) alienação advém de um processo ideológico de laborização da "vita activa", a partir do, ou inserido no processo produtivo e da elaboração de um protótipo de subjetividade. A produção da subjetividade capitalística é fomentadora do quadro de alienação da e à vida. Funcionam, dessa forma (ideologia e produção de subjetividade) como conceitos correlatos.

Com este conteúdo, pode-se dizer que a produção de uma subjetividade - capitalística - aliena o homem do seu viver, quebrando a relação sadia entre o viver criativo e o viver de forma plena, e estabelecendo uma

---

[95] Ver D.W. WINNICOTT. *O Brincar e a Realidade*. Em especial pp. 95-100.

[96] A alienação completa se estabelece pela imposição da certeza absoluta, da uniformidade, da não-conflitualidade e, imprescindivelmente, a exclusão de "toda atividade de pensamento". Ver L. A. WARAT, op. cit., p. 57.

relação enferma do homem com a vida, desde a quebra da alegria de(o) viver até o descompromisso total com a vida. Cria-se uma (des)vinculação, um descompromisso do homem com o mundo, através do enrijecimento das relações, as quais passam a atuar dentro de padrões preestabelecidos de forma definitiva (ao menos na aparência). Um estado de torpor se instala, onde a vida segue seu rumo taticamente.

Objetivam-se, aqui, "sistemas de conexão direta entre as grandes máquinas produtivas, as grandes máquinas de controle social e as instâncias psíquicas que definem a maneira de perceber o mundo"[97], no sentido de estabelecer uma modelização do viver, em todos os seus ângulos, garantia da manutenção funcional da estrutura produtiva e seu consectário modo de vida.

Ocorre, aqui, um quadro onde se estabelece "uma relação de alienação e opressão, na qual o indivíduo se submete à subjetividade tal como a recebe".[98]

A busca do tempo perdido só ocorre a partir do momento em que se consiga estabelecer uma quebra nesta relação maquínica de reprodução. Uma destruição das engrenagens de articulação desse processo de esquadrinhamento da vida, a partir do desmantelamento do processo unívoco de ver e se articular com o mundo. O destroçar de uma estrutura de homogeneização dos homens e suas relações.

Um processo de singularização, todavia, requer a reapropriação dessa subjetividade, mas também, e a partir daí, a recuperação e retomada do controle da vida pelo homem.

Uma nova estruturação da relação do homem com o seu tempo se institui, assim, após a retomada de consciência do mundo e para com ele próprio.

---

[97] Cfe. F. GUATTARI, *Micropolítica...*, p. 27.

[98] id. ibid., p. 33.

Capítulo Terceiro

O tempo da democracia

"Não se podem suprimir as desigualdades materiais à custa da homogeneização dos indivíduos e das consciências. A liberdade nunca pode ser o preço do bem-estar material. Entretanto, ninguém é livre se não tem asseguradas suas condições materiais de existência"[99].

Dentro deste referencial de adestramento e engessamento do viver, ou de um referencial uno, previsível, determinado e permanente que rege o agir humano, a possibilidade de previsibilidade assume contornos intransponíveis. Nada pode ser passível de fuga do "olhar penetrante do rei" e sua estrutura de verdades acabadas.

Mas, como afirma Jurandir Freire Costa, a "imprevisibilidade dos negócios humanos é incompatível com a redução determinista do social."[100]

Além do que não se pode olvidar que esse açambarcamento do viver humano pelo "mundo sistêmico" impõe-se tendencialmente, pois não há nenhum indicativo "in extremis" de sua efetivação de maneira irremediável, uma vez que a ocorrência de espaços, esferas, que fogem à sua lógica, ao seu amoldamento, são uma realidade, apesar dos cálculos de desvios e das estrutu-

---

[99] Luis A. WARAT, *Manifesto do Surrealismo Jurídico*, p. 97.

[100] Jurandir Freire COSTA. *Narcisismo em Tempos Sombrios*, in Percursos na História da Psicanálise (Joel BIRMAN, coord.) p. 168.

ras reapropriativas existentes. As possibilidades de erupção de singularidade são, ainda, contingentemente reais.

Na linguagem habermasiana, pode-se dizer que o mundo sistêmico quer devorar os últimos espaços não-sistêmicos que ainda existem na sociedade, que são aqueles que funcionam num mundo vivido. Essa característica é meramente tendencial Em nenhuma sociedade, por mais complexa que seja, tornou-se possível essa anexação total do mundo vivido por parte do sistema, que atua com uma série de esferas, de ações que se dão na rua, na vida cotidiana, na escola, no sindicato, etc. Essas ações, bem ou mal, escapam a esse projeto anexionista do sistema[101].

É neste sentido, também, que se pode ler a posição assumida por F. Guattari, quando coloca como possíveis processos disruptivos do modelo de subjetividade proposto e imposto pelo CMI, ao que denomina singularização - processos de singularização - os quais podem estabelecer relações de novo tipo dentro de uma nova "cartografia do desejo" - que significa "uma aventura sem garantias", nas palavras de Marilena Chauí - que esteja despregada, descolada dos padrões uniformes e uniformizantes de uma subjetividade capitalística, a partir do "abandono de velhos territórios pela invenção de novos".[102]

É com esta perspectiva que se pode traçar, delinear, buscar estabelecer um lineamento a respeito do que se percebe como possibilidade de instauração de um processo democrático.

---

[101] Ver Sérgio Paulo ROUANET, Folhetim, 14/08/87. Do mesmo autor: "*O Olhar Iluminista*", *in* O Olhar, p. 141. Também: A. HABERNAS, op. cit. p. 332.

[102] Cfe. Marilena CHAUÍ, *Singularização e Autonomia*, *in* Folhetim, n. 490.

6. O VIR-A-SER DEMOCRÁTICO

Com estas características, busca-se o campo do possível para a emergência de um espaço público, político, convivial, que tome em consideração que a absorção do tempo via processo produtivo de cunho capitalístico tem uma influência marcante na produção de uma cidadania plena e, conseqüentemente de um quadro democrático inovador.

A qualificação do tempo de trabalho e do tempo livre, via uma subjetividade capitalística, conforme uma "cidadania regulada"[103], na expressão de Wanderley G. dos Santos, ou seja, com a homogeneização dos espaços temporais e uma disciplinarização dos atos humanos impossibilita-se, transversalmente, a emergência de qualquer atitude criativa "sui generis" e, dessa forma, a atuação social transforma-se em uma seqüência de ações previsíveis, automáticas. Em outras palavras: gera-se a impossibilidade da diferença e, com isso, não há ação autônoma possível; o diferente passa a ser ilícito.

A democracia, nestes parâmetros, emerge dogmatizada, estéril, disciplinada totalitariamente. A ação humana, as relações intersujetivas, porque estereotipadas, tornam-se descomprometidas, alheias. De um processo de individuação totalitária/totalizadora flui, como não poderia deixar de ser, um homem-cidadão burocratizado, destituído de vínculos com a vida.

Surge, assim, uma democracia descaracterizada como forma de governo de compromisso de seus aderentes. Fica-se, então, com um projeto acabado, dotado de uma estrutura inequívoca e imutável. Um processo

---

[103] A utilização do termo "cidadania regulada", aqui, não se dá sob o conteúdo distribuído pelo autor - como aquela advinda do quadro ocupacional legalmente instituído. Todavia, o mesmo serve para designar um controle efetuado subliminarmente, a partir da instituição de padrões comportamentais disseminados no contexto social como modelos aprioristicos. Para a compreensão literal da expressão, ver deste autor: *Cidadania e Justiça: a política social na ordem brasileira*. p. 68.

paralisado, onde a cristalização de um modelo dá "um toque final".

A democracia não pode ficar sujeita a um "adestramento universal" na busca da Idade de Ouro, onde "para haver comida é preciso aceitar a 'pax' oferecida pelo conquistador"[104].

Nesta perspectiva, a lógica dos "modos dominantes de temporalização"[105] atua como modelador da vida cotidiana, adquirindo, assim, um papel fundamental no estabelecimento de um quadro de passividade total que "cria" modelos obrigatórios de felicidade"[106] onde interagem as estruturas fundamentais de manutenção e reprodução da sociedade industrial e de seu feitio de subjetividade. Tal modelo, isto sim, assume contornos de incompatibilidade com um processo que se assume como democracia. Aliás, é incompatível com a própria noção semântica de processo, desde que esta seja entendida como "ato de proceder... sucessão de estados ou de mudanças... Fís. Seqüência de estados de um sistema que se transforma, evolução"[107]. Logo, vê-se que processo corresponde àquilo que está sujeito a alterações contínuas, nunca uma definição irremediável.

Em razão disso, colocam-se imediatamente o(s) vínculo(s) de um quadro modelizador dos espaços temporais com a questão da democracia. Este só pode compactuar com um projeto que perceba a questão democrática como um modelo acabado, estabelecido a partir de um quadro referencial definido e definitivo. Nunca se poderia crer, nestes moldes, em buscar compreender a democracia como um processo de construção diária e, por isso, inacabado; não se poderia vislumbrá-

---

[104] Ver U. ECO, op. cit., pp. 63 e 64.

[105] Ver F. GUATTARI, *Micropolítica...*, p. 47.

[106] Reutiliza-se a expressão de U. ECO por entendê-la de extrema fidelidade à análise proposta.

[107] Ver Aurélio Buarque de Holanda FERREIRA. *Novo Dicionário da Língua Portuguesa.* p. 1395.

la a partir da incerteza cotidiana, da invenção momentânea.

Desde que se pense a democracia como sentido de um vir-a-ser, a ruptura com o tempo instituído antepõe-se como limite possibilitador. Um sentido de imprevisibilidade não pode conviver com um tempo totalizado, previamente estabelecido e instituinte de um projeto de subjetividade comprometida com a passividade, a quietude, a apatia, etc.; com um tempo heteronomamente fixado, onde o "amor do censor" emerge como condição básica da instituição deste adestramento universal[108].

A lógica do tempo de trabalho que impregna também o tempo livre é incompatível com uma democracia que seja instituinte do espaço político. Aliás, ela surge como impossibilitadora de uma tal percepção, desde o momento em que, como totalizadora dos espaços temporais, impede a diferença.

Vivendo-se inserido em uma ordem temporal que abrange todos os espaços de convivência, impondo um processo de formação de uma subjetividade adstrita à lógica interna das relações de produção, torna-se inapreensível a possibilidade de escapar-se ao seu esquadrinhamento. A alienação torna-se completa.

É em razão disso que o "animal laborans" aparece como irreconciliável com uma democracia que se inventa no dia-a-dia. A busca do tempo perdido interage com a tentativa de implementação de uma democracia como sentido de um processo de autonomia.

O que fica claro, neste momento, é o aprofundamento em relação a um projeto de democracia liberal entendido como:

> "O conjunto de valores e instituições que se traduzem em conhecidas regras de procedimentos (sufrágio universal, eleições periódicas, princípio da

---

[108] Sobre o tema, ver: Pierre LEGENDRE. *O Amor do Censor: ensaio sobre a ordem dogmática.*

maioria numérica, direitos da minoria, sistema representativo de partidos políticos, divisão de função entre uma pluralidade de detendores formais do poder do Estado, etc.) que regulam a obtenção, o exercício e o controle do poder político, e das quais também fazem parte os Diretos Humanos *stricto sensu* (liberdades civis e políticas do indivíduo-cidadão), como limitações não políticas externas à ação do Estado. Quer dizer, aquelas exigências e regras mínimas que definem, em nível institucional, a racionalidade política inerente aos regimes de democracia representativa pluralista"[109].

Todavia, o que transparece mediatizado dentro desta definição é o fato "de assegurar o nexo contínuo entre o indivíduo-cidadão e o Estado, através da organização constante do conflito e da negociação, da divisão e da unidade. Em outras palavras, permite-se o desenvolvimento do conflito social apenas na medida em que ocorra sob as formas políticas de representação que asseguram a não permanência e a não universalidade do conflito"[110].

Assim, este aprofundamento sugere uma reinterpretação referentemente à questão da democracia. Seja em face dos processos de transição para a democracia, seja nos países de capitalismo avançado, uma mudança interpretativa ocorre a partir da tomada de consciência, em especial nos países altamente industrializados, de que a resolução da maioria das necessidades materiais não tem o condão de colocar o homem a salvo, num novo patamar de relações intersubjetivas. Deve ocorrer uma transformação das significações políticas.

No que diz respeito aos países sujeitos a um processo de transição política e, como regra, os do terceiro

---

[109] Ver José Maria GÓMEZ. *Direitos Humanos e Redemocratização no Cone Sul*, in Direitos Humanos: um debate necessário. pp. 91-92.

[110] id. ibid., p. 92.

mundo, embora a busca de uma democracia formal seja uma necessidade premente e primária, não se pode esquecer de que "a tarefa de instalação-consolidação do 'piso mínimo' de certezas (inerente à racionalidade formal da política) tende a converter-se no 'teto máximo' do processo de construção histórica e social da democracia"[111].

Esta circunstância demonstra o caráter essencial de uma tomada em consideração dos aspectos simbólicos insertos na atitude democrática, em especial quando se assume como referencial a introjeção, em escala planetária, da estrutura do CMI.

Insere-se, nesta atitude, a assunção da democracia como incerteza, seja referencialmente aos resultados da competição eleitoral, seja no que respeita ao conteúdo das soluções exigidas pelos problemas públicos, pelas relações intersubjetivas, etc.

A (esta) democracia, no dizer de Claude Lefort, "inaugura a experiência de uma sociedade inapreensível, indomesticável, na qual o povo será dito soberano, certamente, mas onde não cessará de questionar sua identidade, onde esta permanecerá latente..."[112]. Ou ainda:

> "Lefort afirma que o essencial da democracia é que ela 'se institui e se mantém na dissolução das referências de certeza', inaugurando uma história em que 'os homens experimentam uma indeterminação última com respeito ao fundamento do Poder, da Lei e do Saber, e com respeito ao fundamento de um com o outro em todos os registros da vida social!'"[113]

---

[111] id. ibid., pp. 96 e ss.

[112] Ver c. LEFORT. *A Invenção Democrática: os limites do totalitarismo.* p. 118.

[113] Ver José Maía GOMÉZ, op. cit., p. 106 Acerca das passagens de C. LEFORT o autor remete a: *"La Question de la Démocratie". In* Essais sur le Politique: XIX - XXe Siècles. p. 29.

Diante deste processo gestacional, a democracia desfaz os vínculos referentes a um projeto estabelecido e acabado, regrado de uma vez por todas dentro de padrões dogmatizados. Desfazem-se, outrossim, as separações estanques entre espaços políticos e não-políticos. Há uma emersão do político no social, ou uma submersão deste, naquele. Experimenta-se o desaparecimento de modelos totalizadores do social, ou seja, não há representação de um centro e dos contornos da sociedade (da periferia): a unidade não poderia, doravante, apagar a divisão social. Sente-se a democracia como um espaço polifônico onde não há lugar para o estabelecimento de um modelo acabado de ser-estar no mundo, ela vai de encontro a uma história fixada definitivamente.

A democracia "precisa ser sentida como uma invenção constante do novo. Ela se reconhece no inesperado que reside aos desequilíbrios demasiadamente sólidos de uma ordem de proibições", ou ainda, como "uma condição de significações que comanda nossos processos de autonomia, abrindo-os à imprevisibilidade de suas significações."[114]

A retomada da democracia, agora como invenção, como vir-a-ser, é totalmente compatível com a crítica do modelo de vida, em específico ao estereótipo de produção de uma subjetividade capitalística aglutinadora de um referencial unívoco do tempo de viver, a partir da totalização imposta por uma racionalidade instrumental, ligada ao mundo sistêmico, bem como permite a abertura de caminhos alternativos.

A concretização de uma "ordem" democrática que tenha, o que não poderia deixar de ser, como característica intrínseca a sua reavaliação cotidiana, não é incom-

---

[114] Para estas noções, ver: Luis Alberto WARAT. *A Ciência Jurídica e seus Dois Maridos*. pp. 106 e 70, respectivamente. Ver, também, p. 28 e 29. Ainda, para a última passagem, verd o mesmo autor: *Manifesto do Surrealismo Jurídico*, p. 64.

patível com o delineamento de um conjunto de "regras do jogo" - usa-se, aqui, o termo utilizado por Norberto Bobbio apenas referencialmente.

É, contudo, característico que estas mesmas regras, as quais passaremos a nominar, de ora em diante, por normas[115], não assumem o caráter de perenidade absoluta, sendo que o seu reequacionamento faz parte do próprio jogo democrático. Parece inconseqüente tal possibilidade, todavia, a partir do engajamento - um compromisso social - no jogo, é de se esperar que a transformação de suas regras, produzida de forma consensual e comprometida, surta efeitos no sentido positivo objetivado pelos jogadores.

Afinal, democracia é, antes de tudo, um compromisso assumido com a liberdade.

Portanto, não é crível, numa democracia, que a perenidade formal das regras (que deverão ser normas) assuma contornos de muro que aprisionam os participantes em limites impeditivos do vislumbre do horizonte, onde o sol se põe de forma enigmática, para um novo amanhecer.

A estabilidade jurídica, campo de estabelecimento de normas conviviais, não pode significar o aprisionamento, o congelamento, de uma vez por todas, de seu conteúdo. Não pode significar o fim da democracia.

Alteração, mudança, renovação constantes não significam caos. Ao contrário, conduzem ao engajamento, à identificação, mas nunca à uniformização. Que seja eterno enquanto dure, dizia o poeta, sobre o amor. O amor

---

[115] Esta nomenclatura obedece a uma opção teórica, no sentido de diferenciar momentaneamente os campos de atuação do agir instrumental e do agir comunicativo. Neste prisma, falar-se em regras, daria a conotação de uma racionalidade tecnocrática. Ao contrário, na acepção de norma, tem-se a vinculação desde a esfera da interação e do agir comunicativo que pressupõe o debate na sua elaboração. Este viés se coloca mais próximo da perspectiva de democracia, aqui assumida, pois tematiza criticamente, desde a noção de razão e racionalidade aí embutidas. Voltar-se-á a esta temática na seqüência desta dissertação.

deve ligar o homem à democracia e suas regras (normas) devem ter a estabilidade inerente à continuidade democrática, que se liga à elaboração de "hipóteses sobre o aproveitamento da desordem, entretanto na lógica da conflitualidade", quando então "nascerá,..., uma cultura da readaptação contínua, nutrida da utopia."[116]

Assim, o retorno às interrogações coloca-as sob novas dúvidas e anseios.

Essa incerteza significa uma tomada de atitude responsável perante a vida. Importa a responsabilização frente ao mundo e àqueles que nele estão. Diz respeito à tomada de posição, no sentido de conduzir a vida para a vida, e não para a morte, seja esta tanto a morte da vida, quanto a morte em vida.

Se se fosse buscar algum referencial em F. Guattari, dever-se-ia pressupor que uma tal transformação exigiria a recuperação de uma esfera imprescindível para o sucesso deste "processo" de democracia: a esfera do desejo. Todavia, esta reapropriação implicaria que se afastasse a imagem diabólica agregada a ela pela subjetividade capitalística. Não se trata de recuperá-lo sob a forma de disciplinamento, mas acatá-lo como momento de efetiva construção de algo, como uma dimensão de produção, não de destruição, de desordem, como na construção apresentada pelo CMI.

Nessa renovação democrática fica evidenciado que, na afirmativa deste autor:

> "(...) essa oposição - de um lado desejo-pulsão, desejo-desordem, desejo-agressão, e de outro, alteração simbólica, poder centralizado em funções de Estado - parece-me ser um referencial totalmente reacionário. É perfeitamente concebível que um outro tipo de sociedade se organize, a qual preserve processos de singularidade na ordem do desejo,

---

[116] Ver U. ECO, op. cit., p. 99.

sem que isso implique uma confusão total na escala da produção e da sociedade, sem que isso implique uma violência generalizada e uma incapacidade de a humanidade fazer a gestão da vida. É muito mais a produção de subjetividade capitalística - que desemboca em devastações incríveis a nível ecológico, social, no conjunto do planeta - que constitui um fator de desordem considerável, e que, aí sim, pode nos levar a catástrofes absolutamente definitivas"[117].

Todavia, não se pode perder de vista a capacidade recuperativa do quadro capitalístico, frente aos processos de ruptura que possam surgir e que "nos aconselham a ficar de braços cruzados diante das gesticulações históricas, ou as manipulações paranóicas dos tiranos locais e dos burocratas de toda a espécie". Há, assim, uma "participação" interna, a nível da formação desejante que faz refluir todo o potencial contestador, seja via integração ao modelo desejante, por intermédio de uma cumplicidade imposta, seja através de um "consentimento passivo" daqueles que estão sujeitos às influências do sistema. Entretanto, desde essa esfera poder-se-ia traçar os parâmetros de uma sociabilidade democrática pautada por uma normatividade não totalizadora[118].

Adiante, nesta trajetória, necessita-se vislumbrar que, quando se toma a perspectiva de um "processo" democrático assumido como incerteza[119], como indefinição, onde o desejo não esteja definido, delimitado, normalizado, etc., aprioristicamente, os perigos da

---

[117] F. GUATTARI, *Micropolítica...*, pp. 214-217. Para a citação, ver p. 217. Ainda, do mesmo autor: *Revolução Molecular*, pp. 77 e 78 e 165. ss.

[118] F. GUATTARI, *Revolução Molecular*, p. 183.

[119] Adam PRZEWORSKI, *Ama a Incerteza e serás Democrático*, in Novos Estudos CEBRAP, pp. 36-46, traça um referencial quanto à democracia como incerteza, o qual serve como panorama de fundo para o sentido que buscamos aqui.

(re)instauração de um projeto fascista não estão afastados, uma vez que:

> "Não há receita alguma que garanta o desenvolvimento de um processo autêntico de autonomia, de desejo, pouco importa como o chamemos. Se é verdade que o desejo pode se reorientar para a construção de outros territórios, de outras maneiras de sentir as coisas, à igualmente verdade que ele pode, ao contrário, se orientar em cada um de nós numa direção microfascista"[120].

Mas, a possibilidade de ocorrência de microrrelações perpassadas por uma lógica fascistizante não significa a necessária transformação de todo o espaço social intersubjetivo, a partir desta mesma lógica; não pressupõe a inviabilidade de um processo democrático baseado na instituição cotidiana do espaço político, na imprevisibilidade diária dos resultados da resolução de conflitos.

Ao contrário de uma prática totalitária, onde a subjetividade está encurralada por uma instituição temporal total, a democracia pressupõe a quebra desta "mortificação cotidiana" imposta a partir da introjeção dos parâmetros da racionalidade do mundo sistêmico.

O que deve ficar assentado, quanto aos perigos de microfascismos e a conseqüente busca de segurança, via projetos de totalitarização do social, através de um congelamento democrático, é que, a imprevisibilidade dos negócios humanos não é incompatível com a incerteza democrática, ou seja, "com a experimentação de novas formas de viver ou com a crítica das formas de vida conhecidas"[121]. E, isto não significa o "fim dos tempos", quiçá o início de novos, sob uma nova racionalidade.

---

[120] F. GUATTARI, Micropolítica, p. 236.
[121] Jurandir Freire COSTA, op. cit., p. 168.

Uma vez que não há incompatibilidade entre a experimentação de novas formas de viver e a crítica das formas de vida conhecidas com a imprevisibilidade dos negócios humanos, como salientado acima, a possibilidade da democracia como criação cotidiana aparece como perfeitamente factível, desde que se trabalhe fora dos vínculos de uma "razão cínica"[122], onde mais ainda temos caracterizada a figura do "deus de prótese" freudiano. Assim, deixa-se de cair na prática e elogio irresponsáveis da violência, desmoralizando a idéia de lei e de ideais sociais e nos conduzimos em um espaço onde o outro é inevitável, redescobrindo o âmbito de compromisso social, de solidariedade, no qual está-se submerso e, do qual se depende para buscar a saída desse impasse tecno-institucional por que passamos ou, somos levados a passar.

A fuga do processo de temporalização capitalístico-burocrático supõe-se imprescindível para que não se finja estar morto - sob a figura do "impotente" - ou não se pense ser capaz de matar os outros - sob a máscara do "onipotente" - como fórmulas de domínio do medo da morte, mas, para que, em realidade, não sejamos mortos vivos e possamos compactuar e contracenar com todos no "papel de fonte de desejo, prazer e dor, no jogo do convívio humano."[123]

O importante, aqui, é a quebra desse "universo de descompromisso", no qual se convive no jogo do "salve-se quem puder". Entretanto, a solidariedade aqui engendrada não é, de maneira alguma, aquela mecânica possibilitada pelo Estado contemporâneo, para manter e reforçar os padrões capitalísticos[124].

---

[122] Id. ibid., p. 167. Razão cínica: "é a que procura fazer da realidade existente, instância normativa da realidade ideal."

[123] id. ibid., pp. 170-171.

[124] Para esta noção ver: Gisele CITTADINO. *Ressocialização da Política e Repolitização do Social. In* Presença, nº. 9, pp. 156-164. Esta solidariedade consagra "une limite à l'intervention de l'État qui est la fonction de solidarisation de la société existante, donc tout sauf lédification d'une société

A questão democrática, assumida como incerteza, põe em evidência os mesmos embates colocados pela passagem do imaginário ao simbólico:

"Dessa passagem,..., levamos um certo medo novo, do que é mutante, das certezas relativas desta vida - e um certo fascínio pelo abrigo 'seguro' dos códigos totalitários onde o narcisismo que 'pensa que sabe' não se vê continuamente questionado pelas evidências de que tudo o que é também pode não ser, depende... Totalitarismo e narcisismo: associação existente não só no inconsciente do dominador, mas também no que se deixa dominar"[125].

7. DAS REGRAS E DAS NORMAS

Confirma-se, assim, a compatibilidade da questão da democracia como invenção e da crítica do modelo de vida, bem como a possibilidade de manutenção da(s) diferença(s) com a necessidade de instauração de uma normatividade mínima para um viver coletivo.

Com esta configuração que escapa ao modelo produtivista-capitalístico - assume-se uma caracterização plural, polifônica e, por ser desvinculada de um sentido unívoco, polissêmica. Aqui, o jogo adquire possibilidade reais, embora dentro de uma caracterização estabelecida através de normas de novo feitio.

Estas normas seriam, ao contrário do que se consubstancia, como conteúdo semântico da noção de regras que está ligada às estruturas do mundo sistêmico e da racionalidade instrumental, resultantes de uma ordem sancionada, a partir de um agir comunicativo, ou seja, seriam resultantes de uma "intersubjetividade lin-

---

nouvelle, tout sauf le constructuvisme utopique"., como salienta Jacques DONZELOT, op. cit., p. 34.

[125] Maria R. KEHL. *Masculino/Feminino: o olhar da sedução*, in O Olhar, p. 416.

güisticamente mediatizada". Como quer Habernas, estas normas teriam justificativa a partir de sua origem consensual, desde uma atuação comunicativa. Sua constituição se daria no interior de um processo dialógico. Esta análise se impõe quando se compreende que:

"A imposição moral de uma ordem sancionada e, ao mesmo tempo, de um agir comunicativo, orientado para o sentido verbalmente articulado e que pressupõe a interiorização de normas, é substituída, numa extensão cada vez maior, pelos modos de comportamento condicionados, enquanto as grandes organizações como tais se submetem cada vez mais à estrutura do agir racional-com-respeito-a-fins. As sociedades industrialmente desenvolvidas parecem aproximar-se do modelo de um controle de comportamento que, em vez de ser guiado por normas, é antes dirigido por excitantes externos"[126].

Todavia, com esta dicotomia normas/regras não se quer estabelecer uma separação estanque entre a estrutura regencial do conteúdo ligado ao mundo sistêmico, daquele adstrito ao plano da interação, no sentido de que este deva ser resultante de padrões comportamentais, informados a partir de um consenso obtido por intermédio de uma mediação lingüística e aquela permaneça submetida ao estabelecimento de regras definidas segundo um modelo científico e uma racionalidade técnica que negam qualquer tipo de relação de seus enunciados com algum projeto industrialístico e interessado, ou seja, que negam seus vínculos identificadores[127]. Uma mediação na busca de respostas consensuais ocorre em ambos os níveis. Uma idêntica estrutura argumentativa se interpõe, tanto para a busca da objeti-

---

[126] J HABERMAS, op. cit., p. 332.

[127] Para este debate acerca das ciências, ver: Boaventura S. SANTOS. *Um Discurso sobre as Ciências*.

vidade das regras, quanto da justificabilidade (ou justiça) das normas.

O que permanece, entretanto, é a constatação da necessária mediação, para informar um processo democrático, caracterizado sobre o plano da incerteza. Dessa forma, falar-se de uma normatividade indispensável a esta perspectiva, requer um afastamento semântico da noção de regra, que traz, intrinsecamente, o conteúdo de uma racionalidade instrumental negadora de todo o aspecto discursivo-ideológico inerente à noção de norma produzida a partir de uma relação de simetria entre os envolvidos. Nesta, é impensável a infiltração de um caráter de supremacia de alguma das partes envolvidas.

Pode-se, por outro lado, buscar em Freud, embora apenas referencialmente, a possibilidade de um enfraquecimento, até a supressão total de um conjunto coercitivo, embasado "no fato psicológico de o homem integrar as mais diversas disposições pulsionais, cuja orientação é determinada pelas experiências infantis."[128]

Apesar disso, a supressão de um sistema coercitivo mínimo permanece ineludível. Um devir progressivo, entretanto, coloca-se no limiar de uma evolução em que a civilização consiga aquilo que como "resultado final seria um estatuto legal para o qual todos - exceto os incapazes de ingressar numa comunidade - contribuíram com um sacrifício de seus instintos, e que não deixa ninguém - novamente com a mesma exceção - à mercê da força bruta."[129]

Assim a necessidade - pelo menos momentânea - da permanência de enunciados normativos (coercitivos) mínimos compactua com a possibilidade de serem, os mesmos, estabelecidos por intermédio de um processo discursivo-dialógico mediatizado lingüisticamente, permitindo, em conseqüência, a instauração deste processo

---

[128] Carlos A. PLASTINO. *Sujeito e História em Marx e Freud.* mimeo, p. 21.

[129] Sigmund FREUD. *Mal-estar na Civilização. In* Os Pensadores. p. 155.

democrático, baseado na incerteza, pois haveria a substituição do modelo de racionalidade instrumental, próprio da lógica totalitária do mundo sistêmico, da esfera da ação instrumental, por uma do tipo "racionalidade comunicativa", à qual é inerente a possibilidade de um constante (re)questionamento do(s) próprio(s) consenso(s) anteriormente obtidos.

A reestruturação cultural da civilização pode permitir, abrindo espaços ou ampliando as "brechas" sobreviventes, o seu desenlaçamento de "instituições culturais defeituosas". Admitindo-se a cultura como resultante do embate entre a perspectiva da criação e a tentativa de destruição somente se pode admitir uma evolução da civilização - como tal - na busca pela maximização dos elementos ligados ao processo vital, em detrimento do fortalecimento e aproximação - perigosa - do elemento deteriorador, de extermínio, mesmo que se tenha a inclinação freudiana de aceitar que a felicidade pareça estar fora dos planos de criação. Todavia, uma tal tragédia não pode ser barreira suficiente para que a busca do princípio do prazer seja deixada de lado, em troca daquele "modelo obrigatório de felicidade".[130]

Se, também, o processo civilizatório aparece como a luta do homem pela vida, as limitações impostas aos indivíduos devem implicar, necessária e essencialmente, na persecução deste fim. Neste sentido, as funções a serem desempenhadas pela normatividade, comunicacionalmente estabelecida, não podem se apresentar e se desenvolver no sentido de uma sufocação da mesma.

Confirma-se, então, a compatibilidade estrutural entre o sentido de uma democracia assumida como invenção e a permanência de laços coercitivos que se apresentam apenas como normatividade desde que a estes não estejam reservadas funções de condensadores de uma ordem, onde a abstinência seja a regra para a

---
[130] Ver nota 8 supra.

manutenção de um quadro fundador no estabelecimento de uma verdadeira geral e definitiva, em que a "norma fundamental", ao estilo kelseniano, seja o conteúdo informativo de uma sociedade baseada em um modelo produtivista, nos padrões de um "agir racional com-respeito-a-fins" e do "comportamento adaptativo", que estabeleceu, de uma vez por todas, a maneira de ser-estar no mundo e de viver o tempo que passa[131].

Aqui e agora, importa desestabilizar, no âmbito do Jurídico, a utilização do direito como meio. Ou seja: a reorganização do Jurídico, dentro de um estilo democrático, baseado na incerteza, pressupõe que a regulamentação ou o mínimo coercitivo de regulação dos conflitos estejam baseados em estruturas de ação comunicativa dirigidas ao entendimento[132], pois somente a partir de um modelo de normatização, baseado no consenso obtido dialogicamente, é que se poderia pensar no estabelecimento de "instituições jurídicas" ao estilo habermasiano[133], as quais, somente assim, poderiam estabelecer vínculos com o mundo da vida. Apenas o direito como instituição teria possibilidade de vincular-se a um processo democrático que não se pretende estabelecido para sempre, sob a roupagem de um arcabouço jurídico formal e procedimentalmente legitimado nos moldes "previstos" pelo positivismo jurídico[134].

Ainda, presencia-se, no âmbito do Estado social e de democracia formal, que a regulamentação das relações

---

[131] Michel MAFFESOLI. *A Sombra de Dionísio: contribuição a uma sociologia da orgia*. 1985. Em especial pp. 38 e ss.

[132] Por *entendimiento* HABERMAS compreende "... un processo de recíproco convencimiento, que coordina las acciones de los distintos participantes a base de una 'motivación por razones' ... significa comunicación enderezada a un 'acuerdo' válido". Ver, do autor, *Teoría de la Acción Comunicativa*. v.1, p. 500.

[133] "Por instituciones jurídicas entiendo las normas jurídicas que no pueden quedar suficientemente legitimadas con sólo apelar en términos positivistas a su corrección procedimental". Ver op. cit. supra, v. II, p. 516.

[134] Ver J. HABERMAS. *Teoría de la Acción Comunicativa*. v. II, p. 516.

para a amortização dos conflitos "se produce a condición de que no decaiga el proceso de acumulación, que queda protegido, no modificado, por las intervenciones del Estado."[135] Ou seja: há uma coadjuvação nos papéis entre a estrutura do jurídico legitimado em padrões positivistas, um modelo democrático definido aprioristicamente a estrutura de um *status quo* que não pode permitir mudanças de fundo.

A implantação deste *Estado social e democrático de direito* se faz à custa do amoldamento da subjetividade individual, através de estruturas compensatórias de uma cidadania restrita a participações esporádicas e referentemente a conteúdos limitados, bem como via promoção clientelística do consumo. Ocorre, assim, um efeito duplo de proteção e normalização. Via um programa de política social, se consagra uma assimilação de prejuízos e inseguranças sem, no entanto, deixar-se perceber as relações que subjazem neles.

Essa "colonización del mundo de la vida" oportunizada pela "... juridización (*verrechtlichung*) de los ámbitos de acción estructurados comunicativamente"[136] configura a instrumentalidade de um modelo jurídico positivisticamente legitimado para a compressão sistêmica do agir humano.

Dessa forma, a compreensão do quadro de coadjuvação que se perfaz entre a manutenção e consagração de um *status quo*, por intermédio da proteção e normalização do Estado social - capitalístico - e a pacificação dos conflitos sociais, via um processo de juridicização positivisticamente legitimado, é mister para que se perceba o porquê de uma necessária reorganização da estrutura normativa mínima exigida por uma democracia de novo tipo.

---

[135] id. ibid., p. 492.

[136] id. ibid., p. 503.

Um processo democrático com substrato na convenção cotidiana da resolução dos conflitos, e não no seu encobrimento apriorístico, exige a reabilitação do mundo da vida como palco de discussões, bem como uma crítica ao modelo de razão funcionalista que permita, então, o retorno de um processo comunicativo, único capaz de conviver com o questionamento constante do quadro normativo. Esta reaparição do modelo comunicativo possibilitaria, assim, o desfazimento desta "consciência fragmentada" de que fala Habermas[137].

Neste caminho, se se compartilha com Habermas a idéia de que essa pacificação e latência dos conflitos de classes permite o transbordamento de outros embates não caracterizáveis como classísticos, precisa-se vislumbrar, também, que tão-somente a emergência destas lutas de novo tipo não permitem que se configure a possibilidade de estabelecimento de um quadro normativo, mesmo a nível micro, baseado no modelo comunicativo. Este, para que se estabeleça, necessita da participação de atores competentes lingüisticamente, ou seja, impõe a presença de cidadãos livres de dominação, libertos das amarras de uma estrutura de classes e, "essa desmontagem não pode ser feita pela ação comunicativa e sim pela ação estratégica... É preciso, em primeiro lugar, criar as condições para que a moldação seja tirada"[138].

Emerge um problema que o autor não questiona, talvez por falar a partir de um "locus" de superdesenvolvimento. Todavia, apesar das soluções materiais palpáveis, o problema da simetria discursiva se impõe, tanto a nível de desenvolvidos - talvez até paroxisticamente - quanto de subdesenvolvidos ou "em desenvolvimento". É por isto que a crítica de um modelo de racionalidade se coloca imediatamente no contexto de

---

[137] id. ibid, p. 502.

[138] Barbara FREITAG, Folhetim, 14.08.87, p. B-4.

uma proposta de ação comunicativa. Como afirma S.P. Rouanet, Habermas

> "(...) visa a reciprocidade, uma reciprocidade em que Ego e Alter tenham direitos iguais de falar e argumentar, sem que nenhum seja meramente objeto do outro, mas não supõe essa reciprocidade já alcançada de uma vez por todas. Ao contrário, os protagonistas de comunicação devem estar permanentemente atentos para o risco de uma falsa simetria, de um discurso só aparentemente comunicativo, mas que na verdade visa objetivos de dominação que destróem toda a simetria. Os sujeitos da interação não são céticos, mas são críticos"[139].

Trata-se, assim, não do estabelecimento "a priori" de uma equalização das relações materiais com a permanência de uma "coisificação das relações comunicativas" como parece emergir da afirmativa de B. Freitag, pois:

> "(...) esa juridificación de los medios con que se hace frente a los riesgos de la existencia se cobra un notable precio en forma de intervenciones reestruturadoras en el *mundo de la vida de los beneficiarios*. Son costes que se siguen del cumplimiento burocrático y de la satisfacción monetaria de los derechos y demandas de los afectados. Pues la estructura del derecho burgés impone la necesidad de tratar las garantías que ofrece el Estado social como derechos *individuales* relativos a materias generales perfectamente *especificadas*"[140].

Caso o problema tivesse solução com a resolução dos aspectos de natureza material, os países de desenvolvimento avançado que alcançaram padrões de satisfação material elevados teriam resolvidas as questões referentemente às relações intersubjetivas. O que se

---

[139] S.P. ROUANET, *O olhar iluminista*, p. 146.

[140] J. HABERMAS, *Teoría de la Acción Comunicativa*, V. II, p. 512.

observa, ao contrário, é a desconexão que se dá neste plano. Trata-se, então, de problemas estruturais.

Se, contudo, se pensa numa seqüência, esta teria início no necessário estabelecimento de um processo comunicativo isento dos padrões de uma razão funcionalista como condição "sine qua non" para que se obtivesse padrões de convivência dignos.

Isto se dá, uma vez que se pense na questão democrática, como essencialmente conflituosa, onde não se exclui, aliás, se pressupõe, a cooperação mútua. O que se tem aqui é uma sociedade onde a convivência é uma opção voluntária que engaja os participantes na reciprocidade. Percebe-se, assim, que:

> "(...) uma teoria da democracia equivale a uma teoria da política: a prática democrática se baseia na capacidade de reconhecimento do outro e esse é o núcleo do discurso da política, como alternativa do discurso da guerra, onde o objetivo é o aniquilamento do outro"[141].

A democracia como vir-a-ser cotidiano precisa estabelecer vínculos fortes com a vida; é um estado de compromisso daqueles que participam deste processo. Pressupõe a concentração, num mesmo plano, de uma comunidade normativamente regulada, estabelecida, a partir de um modelo de ação comunicativa onde nenhum dos seus membros esteja à mercê de um processo de violência institucionalizado nacisisticamente, sequer de uma racionalidade onipotente, dominada por alguns.

A democracia, como processo de contínua mudança, pressupõe o desfazimento do modelo de autômato[142] que a sociedade industrial busca projetar para o homem moderno, bom como dos protótipos de impotente e onipotente de que fala Jurandir Freire Costa.

---

[141] Gisele G. CITTADINO, op. cit., p. 164.

[142] Para esta noção, ver Katia MURICY. *O Autônomo e o Anão*. Folhetim 18/09/87. pp. 4-5.

Neste viés coloca-se, então, a impossibilidade de se pensar a alteração das relações sociais e das estruturas tecnoinstrumentais "sem abrir ao homem e à mulher,..., um caminho para o livre exercício de sua inteligência, que a 'racionalização' freou ou entorpeceu por anos seguidos, no dia-a-dia da linha de montagem"[143] já que o

"(...) trabalho necessário para suprir as necessidades de todos não será contornado por hinos ao lazer e ao consumo. A superação será interna, mediante o pensamento que conceberá um modo não brutalizado de olhar e agir. E que inventará meios inteligentes de produção"[144].

Afinal, "enquanto os trabalhadores não forem capazes de ver, por dentro, os meios e fins da sua atividade cotidiana, a sociedade industrial, capitalista ou socialista, não saberá enfrentar os prestígios da tecnocracia. Consciência e regime democrático exigem-se mutuamente."[145]

A democracia implica um tempo de Eros, ou seja uma sociedade de compromisso com a vida que não compactua com uma subjetividade instituída a partir de um modelo de racionalidade tecnocrática que decide entre o bom e o mau. Este quadro (Estado social - democracia formal - racionalidade instrumental-subjetividade capitalística) se liga, ao contrário, à pulsão de morte quando toca a co-responsabilidade pelo mundo jaz substituída por uma individualidade mórbida.

A democracia exige, ao reverso, o desmantelamento das estruturas de "representação alingüísticas" onde o ideal de abolição da justificabilidade das normas de controle social seria o ápice para o domínio de uma estrutura tecnoburocrática[146].

---

[143] Ver Alfredo BOSI. *Fenomenologia do Olhar*, in O Olhar, p. 83.
[144] id. ibid., p. 83.
[145] Simone WEIL, *apud* A. BOSI, op. cit., p. 85.
[146] Ver S.P. ROUANET, *Teoria Crítica e Psicanálise*, pp. 328 e 337.

Um tempo de democracia se vincula a um tempo disforme, onde a continuidade representa, tão-só, a possibilidade do incompleto, do contraditório, da afirmação da diferença que marca a existência humana individual e coletiva. Apresenta-se como o enigma daquilo que num instante é e, no próximo, passa a ou já pode não ser[147]. Algo como a compreensão de Marx, expressa no Manifesto Comunista, de que "tudo o que é sólido desmancha no ar", na expressão reapropriada por Marshall Berman[148], mas sabendo-se que esta fluidez não importa desordem, apenas uma outra lógica, alheia aos padrões capitalísticos de normalização e "proteção".

---

[147] Ver Nicolau SEVCENKO. *O Enigma Pós-Moderno*, in A Pós-modernidade.
[148] In *Tudo o que é Sólido Desmancha no Ar*. p. 20.

Conclusão

"bebida é água.
comida é pasto.
você tem sede de quê?
você tem fome de quê?
a gente não quer só comer,
a gente quer comer e quer fazer amor.
a gente não quer só comer,
a gente quer prazer pra aliviar a dor.
a gente não quer só dinheiro,
a gente quer dinheiro e felicidade.
a gente não quer só dinheiro.
a gente quer inteiro e não pela metade"[149].

    A percepção do grande entrelaçamento que ocorre para o amoldamento do homem, em face de uma estrutura totalitária de sociedade, a partir do controle que se estabelece via sistema produtivo, poderia, em traços gerais, ser assumido como a grande imagem que se obtém com a leitura que aqui foi proposta.
    No interior desta demarcação genérica, poder-se-ia buscar a compreensão de algumas características que vêm à tona com o enlaçamento de algumas linhas mestras desta especulação. Destas salienta-se a coadjuvação que ocorre entre um modelo de racionalidade,

---

[149] Trecho da música "Comida" de Arnaldo ANTUNES, Marcelo FROMER, Sérgio BRITTO.

uma estrutura laborativa e um determinado modelo de democracia. Todas desenvolvendo-se no mesmo, e único, objetivo de conformação do social, das relações intersubjetivas, através da produção de um modelo de subjetividade mecânica, que se denominou, com F. Guattari, "subjetividade capitalística". Registre-se, novamente, que a mesma atinge, tanto sistemas capitalistas, quanto os de socialismo burocrático, bem como aqueles informes em vigor, em especial, nos Países de Terceiro Mundo, uma vez que todos estão integrados via CMI.

Este modelo de subjetividade permite que se compreenda o porquê de uma passividade geral que atinge a espécie humana. Oportuniza, desde que vinculemos ao entendimento das estruturas de controle que se estabelecem sob o sistema produtivo fabril desde as suas origens, à percepção dos laços de união que se efetivam por intermédio de um modelo único e definitivo de racionalidade - aqui chamada instrumental, tecnocrática, etc. - da questão cientificismo, sistema produtivo, democracia.

Neste referencial, são três aspectos que interagem e que se mantêm reciprocamente, sendo que a racionalidade cientificista atua como substrato explicativo para o estabelecimento definitivo deste quadro de tanática paralisia criativa.

O modelo de subjetividade que se coloca, emerge, exclusivamente, de um contexto de controle integral de todo o espaço temporal, o que permite, através do amoldamento total dos atos, assim como, em conseqüência, da previsibilidade geral e definitiva do agir humano, o estabelecimento de um protótipo de democracia caracterizado por uma implantação formal de um padrão democrático irremovível.

Há, assim, uma tríplice passividade que se apresenta: 1) a de uma racionalidade que impõe compreensões fechadas e definitivas; 2) a de um sistema produtivo controlado em seus mínimos detalhes e em todos os seus instantes; 3) a de uma democracia instituída formalmente que não permite a discussão de seus postulados. Todos os três momentos têm, em comum, a supressão de toda e qualquer possibilidade criativa, disruptiva dos limites impostos, ou seja, de toda a perspectiva de singularização entendida como a invenção de novos territórios libertos das amarras limitativas da capacidade de criação de novas formas de ser-estar no mundo.

Este quadro de resignação mortífera a que se chega, por intermédio deste amoldamento concebido a gerado, em especial, a partir do enquadramento da figura do trabalhador, e não só dele, faz com que se definam os parâmetros de um congelamento das relações sociais onde, como afirma Guattari:

> (...) as hierarquias e as segregações reforçaram-se; a miséria e o desemprego tendem, hoje, a ser aceitos como males inevitáveis: os sindicatos operários agarram-se aos derradeiros setores institucionais que lhes são concedidos e encerram-se em práticas corporativistas que os levam a adotar atitudes conservadoras, próximas, algumas vezes, das atitudes dos meios reacionários"[150].

Mas, como se chega a uma tal compactuação dentro de um sistema estratificado de dominação social? É a essa implicação que se objetiva chegar com a junção deste espectro de quadriculamento cerrado dos espaços temporais, com uma racionalidade e uma democracia caracterizados por um sentido unívoco, definido aprioristicamente.

O que fica caracterizado é a correlação existente entre estes três aspectos. Em momento algum se poderia imaginar a possibilidade de efetivação de uma nova

---

[150] F. GUATTARI, *Impasse Pós-moderno e Transição Pós-mídia. In* Folhetim, n. 479.

estratégia democrática sem a alteração desta intersecção rígida do homem com o mundo e seu tempo.

Um homem modelado pelo estereótipo de racionalidade dogmática é o protótipo indispensável à efetivação e manutenção de uma democracia que se percebe como dada; que se dá, em realidade, como um esquema totalizador. Ocorre, assim, a morte do espaço público, visto como um palco de embates criativos, fomentadores de novas relações, de novas perguntas, de novas respostas, etc.

Caracteriza-se, assim, o modelo de civilização que se constitui pela renúncia à felicidade, através de compensações materiais que não fazem mais do que refrear as possibilidades de algum distúrbio.

Nas estruturas de capitalismo tardio, as amortizações oportunizadas pelo Estado Social se apresentam como paradigmáticas. Nestas, os benefícios "oferecidos" atuam como absorventes das disfunções apresentadas pelo crescimento econômico, servindo, ainda, como incorporadores de grandes massas populacionais aos padrões estereotipados das sociedades de consumo. Onde esta perspectiva não se coloca, em específico nas regiões de subdesenvolvimento, a assimilação destas mesmas levas de população se faz por intermédio de um paroxismo dos sistemas de equalização, de normalização, mais estritos e violentos, simbólica e materialmente.

O que permanece é que a característica intrinsecamente relevante é a de incorporação do conjunto da população a um modelo, a um padrão convivial previamente definido. Este quadro, hermeticamente fechado, permite não só a permanência deste "modelo obrigatório de felicidade", bem como se configura por impedir a abertura de brechas disruptivas.

Pensar uma nova racionalidade, coloca-se como condição "sine qua non" para se continuar a perseguir uma alteração nesta imagem solidificada de subjetividade - capitalística - que domina o projeto civilizatório que, apesar das compensações materiais oportunizadas, não é capaz de oferecer algum acréscimo de satisfação prazeirosa e felicidade. Percebe-se, com Freud, que, em muito, o abandono deste modelo civilizatório seria, em si, o possível reencontro com a alegria perdida. Entretanto, e é o mesmo autor que salienta, "o poder sobre a natureza não constitui a única pré-condição da felicidade humana, assim como não é o único objetivo do esforço cultural. Disso não devemos inferir que o progresso técnico não tenha valor para a economia de nossa felicidade".[151]

Neste aspecto, não se pode esquecer de que, apesar da maquinaria, nada impede a ocorrência de um processo de singularização que não esteja sujeito à alienação de procedimentos mecânicos. Pelo contrário.

Este lineamento, que se apresenta como definitivo, percebe-se não ser outra coisa senão fruto de um determinado padrão estereotipado de racionalidade que se impõe como o modelo, assim como se vê que a sua permanência ocorre, pois, a partir desta razão tecnocrática, obtém-se, via amoldamento da subjetividade - criando esta "subjetividade capitalística" - a fixação definitiva de um projeto de democracia que se apresenta como totalizador das experiências humanas.

Explicitamente, na trajetória que foi desenvolvida no corpo desta análise, percebe-se que, tomando-se por base a transformação do trabalhador, ocorrida nos parâmetros de uma ética protestante (um condicionamento ascético), a qual é perpassada por uma estrutura de condicionamento produtivo, por intermédio desde uma arquitetura à panoptismo, passando por várias escalas de controle que desaguam num projeto de "japonização" das classes operárias, a(s) condição(ões) estrutural(is) básica(s) para uma possibilitação de emergência de um tempo de democracia, como o introduzido no

---
[151] Ver S. FREUD, op. cit,. p. 155.

capítulo terceiro, colocam-se na iminência do desaparecimento.

Um tempo único auto e pré-instituído em relação a um processo instituinte de uma nova forma de organização social, baseada na incerteza.

Um pacto de convivência que se estabeleça sobre estas bases, necessita de mais do que operários - ou operadores - para que se implemente. Um processo de solidariedade exige a capacidade de se perceber o quanto o outro é essencial. E a democracia só pode sobreviver sob o impulso de uma reciprocidade entre os envolvidos.

Esse processo de criação cotidiana impõe homens pensantes, nunca robôs neurotizados - neutralizados.

O pacto pela vida que assim emerge precisa, antes de tudo, da garantia de que o espaço público se coloque como campo de emergência efervecente de novas conquistas e renovadas buscas. A (esta) democracia não é um ideal a que se chega, mas a utopia a que se busca.

Nesta reviravolta, o desejo joga papel fundamental. Não aquele desejo "anarquista", auto-destrutivo, desordem, como aparece na ótica da regulação capitalística. Mas um desejo-vontade-de-criação de uma nova forma de organização, de inventar um outro mundo; um desejo comprometido com a vida e com a (esta) democracia.

Essa conspiração desejo-democratizante tem, então, uma característica intrinsecamente relevante que é esse seu caráter de compromisso não com uma estrutura pré-concebida, mas com os seus próprios participantes e com o mundo que (n)os rodeia.

E isto não é uma utopia anárquica. É, simplesmente, a recolocação em pauta da possibilidade de se repensar o projeto civilizatório como um todo, de se rever a crise da civilização, a partir da possibilitação de recolocar a questão de "saber se não há uma outra maneira de ver e praticar as coisas, se não há meios de fabricar outras realidades, outros referenciais..."[152].

Todavia, nesta trajetória é mister que se pense neste quadro de total inércia criativa, em que se colocou o homem-trabalhador-operário. A articulação deste processo democrático com aquilo que se dá nas estruturas do mundo sistêmico, por intermédio dos espaços de sobra ou dos caminhos emergentes de uma nova racionalidade, de uma nova ética de ser-estar no mundo, poderá minar, paulatinamente, a capacidade de sustentação de um tal arranjo de poder e, permitir que, assim, se retome a capacidade de se produzir uma reformulação profunda neste retrato de insensatez de uma cultura do descompromisso, do aviltamento, da violência, etc.

Poder-se-ia argumentar que nos contornos dos países periféricos, onde a luta pela continuidade da existência física é um dado material irremovível, a batalha por uma reavaliação do conteúdo subjetivo de um tal sistema, mesmo porque os casos de democracia formal são raros ou inexistentes, seria algo para um segundo momento. Como se demonstrou, entretanto, a busca da satisfação material das necessidades não é capaz de oportunizar ao homem uma "vida mais prazeirosa", mesmo porque os custos de tais benefícios se refletem basicamente no complexo de amoldamento caracterizado por uma subjetividade capitalística. Assim, permanece a imprescindível necessidade de se implementar a busca de um processo democrático de novo tipo que permite, então, não se pagar preço tão alto por estas garantias materiais da (in)felicidade.

E, infelicidade, aqui, não se coloca como negação das oportunidades oferecidas pelo processo tecnológico, mas como subproduto deste modelo que se conjuga na relação trabalho-tempo-democracia, como um tempo único dominado por uma lógica capitalística.

---
[152] F. GUATTARI, Micropolítica..., pp. 215-216.

Ao revés, felicidade seria uma aliança entre as possibilidades de redução das fadigas e das penas, via potencialização da capacidade criativa do homem, onde a troca simbólica de poder, ocorrida a partir da quantificação das benesses materiais operadas exatamente pelas possibilidades tecno-materiais não tenha o preço de uma passividade mortífera. Uma aliança ética pela sobrevivência, para um tempo que, ainda único, não seria unívoco, mas polissêmico.

Bibliografia

LIVROS

ALBORNOZ, Suzana. *Trabalho.* Coleção Primeiros Passos. São Paulo: Brasiliense, 1986.

ARENDT, Hannah. *A Condição Humana.* 3. ed. Rio de Janeiro: Forense Universitária, 1987.

BAGOLIN, Luigi. *O Trabalho na Democracia: filosofia do trabalho.* São Paulo: LTr; Brasília: UnB, 1981.

BERMAN, Marschall. *Tudo o que é Sólido Desmancha no Ar: a aventura da modernidade.* São Paulo: Companhia das Letras, 1986.

BIRMAN, Joel (Coord.). *Percursos na História da Psicanálise.* Rio de Janeiro: Taurus, 1988.

CAMARGO, Luiz O. Lima. *Lazer.* Coleção Primeiros Passos. São Paulo: Brasiliense, 1986.

CARDOSO, Sergio (Org.). *Os Sentidos da Paixão.* São Paulo: Companhia das Letras, 1987.

CASTORIADIS, Cornelius. *A Instituição Imaginária da Sociedade.* 2. ed. Rio de Janeiro: Paz e Terra, 1986.

-----. *Socialismo ou Barbárie: o conteúdo do socialismo.* São Paulo: Brasiliense, 1983.

CUNHA, Newton. *A Felicidade Imaginada: a negação do trabalho e do lazer.* São Paulo: Brasiliense, 1987.

DECCA, Edgar S. de. *O Nascimento das Fábricas.* Coleção Tudo é História. 4. ed. São Paulo: Brasiliense, 1986.

DEJOURS, Chritophe. *A Loucura do Trabalho: estudo de psicopatologia do trabalho.* 2. ed. São Paulo: Cortez-Oboré, 1987.

DUMAZEDIER, Joffre. *Lazer e Cultura Popular.* São Paulo, Perspectiva, 1976.

ECO, Umberto. *Viagem na Irrealidade Cotidiana.* 6. ed. Rio de Janeiro: Nova Fronteira, 1987.

FERNANDES, Heloisa Rodrigues (org.) *Tempo do Desejo: psicanálise e sociologia.* São Paulo: Brasiliense, 1989.

FERREIRA, Aurélio Buarque de Holanda. *Novo Dicionário da Língua Portuguesa*. 2. ed. Rio de Janeiro: Nova Fronteira, 1986.

FOUCAULT, Michel. *A Verdade e as Formas Jurídicas*. 4. ed. Rio de Janeiro: PUC, 1979.

-----. *Histórica da Sexualidade I: a vontade de saber*. 7. ed. Rio de Janeiro: Graal, 1985.

-----. *Microfísica do Poder*. 6. ed. Rio de Janeiro: Graal, 1986.

-----. *Vigiar e Punir: nascimento da prisão*. 4. ed. Petrópolis: Vozes, 1986.

FOURASTIÉ, Jean. *Ócio e Turismo*. Rio de Janeiro: Salvat, 1979.

FREUD, Sigmund. *Mal-estar na Civilização*. Os Pensadores. 2. ed. São Paulo: Abril Cultural, 1985.

GORZ, André. *Adeus ao Proletariado: para além do socialismo*. Rio de Janeiro: Forense Universitária, 1982.

GUATTARI, Félix. *Revolução Molecular: pulsações políticas do desejo*. 3. ed. São Paulo: Brasiliense, 1987.

GUATTARI e ROLNIK, Suely. *Micropolítica: cartografias do desejo*. 2. ed. Petrópolis: Vozes, 1986.

HABERMAS, Jürgen. *Técnica e Ciência Enquanto Ideologia*. Os Pensadores. 2. ed. São Paulo: Abril Cultural, 1983.

-----. *Teoría de la Acción Comunicativa*. 2 v. Madrid: Taurus, 1987.

LAFER, Celso. *A Reconstrução dos Direitos Humanos: um diálogo com Hannah Arendt*. São Paulo: Companhia das Letras, 1988.

LEFORT, Claude. *A Invenção Democrática: os limites do totalitarismo*. São Paulo: Brasiliense, 1983.

LEGENDRE, Pierre. *O Amor do Censor: ensaio sobre a ordem dogmática*. Rio de Janeiro: Forense Universitária - Colégio Freudiano, 1983.

LISPECTOR, Clarice. *Água Viva*. Rio de Janeiro: Artenova, 1973.

MAFFESOLI, Michel. *A Sombra de Dionísio: contribuição a uma sociologia da orgia*. Rio de Janeiro: Graal, 1985.

MARCUSE, Herbert. *A Ideologia da Sociedade Industrial*. Rio de Janeiro: Zahar, 1967.

NOVAES, Adauto (org.). *O Olhar*. São Paulo: Companhia das Letras, 1988.

OFFE, Claus. *Problemas Estruturais do Estado Capitalista*. Rio de Janeiro: Tempo Brasileiro, 1984.

OLIVEIRA, Roberto Cardoso et al. *A Pós-modernidade*. Campinas: Unicamp, 1987.

PARKER, Stanley. *A Sociologia do Lazer*. Rio de Janeiro: Zahar, 1978.

PERROT, Michelle. *Os Excluídos da História: operários, mulheres e prisioneiros*. Rio de Janeiro: Paz e Terra, 1988.

PLASTINO, Carlos Alberto. *Sujeito e História em Marx e Freud*. Mimeo.

QUINTANA, Mario. *Da Preguiça como Método de Trabalho*. Rio de Janeiro: Globo, 1987.

ROUANET, Sergio Paulo. *Teoria Crítica e Psicanálise*. 2. ed. Rio de Janeiro: Tempo Brasileiro, 1986.

SANTOS Jr, Belisario et al. *Direitos Humanos: um debate necessário*. v. 1, São Paulo: Brasiliense, 1988.

SANTOS, Boaventura Sousa. *Um Discurso sobre as Ciências*. Porto: Afrontamento, 1987.

SANTOS, Wanderley Guilherme dos. *Cidadania e Justiça: a política social na ordem brasileira*. 2. ed. Rio de Janeiro: Campus, 1987.

THOMPSON, Edward P. *A Formação da Classe Operária Inglesa*, v. 1. A árvore da liberdade, v. 2. A maldição de Adão. Rio de Janeiro: Paz e Terra, 1987.

VARINE, Hughes de. *O Tempo Social*. Rio de Janeiro: Livraria Eça, 1987.

WARAT, Luis Alberto. *A Ciência Jurídica e seus Dois Maridos*. Santa Cruz do Sul: FISC, 1985.

-----. *Manifesto do Surrealismo Jurídico*. São Paulo: Acadêmica, 1988.

WEBER, Max. *A Ética Protestante e o Espírito do Capitalismo*. 5. ed. São Paulo: Pioneira, 1987.

WINNICOTT, Donald W. *O Brincar e a Realidade*. Rio de Janeiro: Imago, 1975.

WISNICK, José M. *A Virada do Século*. Rio de Janeiro: Paz e Terra. São Paulo: UNESP - Secretaria Estadual de Cultura, 1987.

JORNAIS E REVISTAS

CHAUÍ, Marilena. Singularização e Autonomia. *Folha de São Paulo*, Folhetim, n. 490, 29/06/1986, pp. 2-4.

CITTADINO, Gisele G. Ressocialização da Política e Repolitização do Social. *Presença*, n. 9, Rio de Janeiro, Coetés, 1988. pp. 156-164.

DONZELOT, Jacques. Vers un Nouvel Esprit Public. *Esprit*. p. 30-40.

FORJAZ, Maria Cecília Spina. Lazer e Consumo Cultural das Elites. *Revista Brasileira de Ciências Sociais*, v. e, n. 6, São Paulo, Vértice-ANPOCS, fev. 1988, pp. 99-113.

GUATTARI, Félix. Impasse Pós-moderno e Transição Pós-mídia. *Folha de São Paulo*, Folhetim, n. 479, 13/04/86, pp. 2-5.

MURICY, Kátia. O Autômato e o Anão. *Folha de São Paulo*, Folhetim, n. 554, 18/09/87, pp. B4-B5.

PRZEWORSKI, Adam. Ama a Incerteza e serás Democrático. *Novos Estudos CEBRAP*, n. 9, São Paulo, CEBRAP, jul. 1984, pp. 36-46.

ROUANET, Sergio Paulo. Um Reformista Radical (entrevista). *Jornal do Brasil*, Idéias, n. 134, 22/04/89, pp. 8-9.

ROUANET e FREITAG, Barbara. Entrevista. *Folha de São Paulo*, Folhetim, n. 549, 14/08/87, pp. B2-B5.

SANTOS, Boaventura Sousa. O Social e o Político na Transição Pós-moderna. *Revista de Comunicação e Linguagens*, n. 6/7, 1988, pp. 25-48.

SOARES, Jussara de Carvalho. A Morte das Diferenças. *Humanidades*, n. 20, Brasília, UnB, 1989, pp. 28-36.

Posfácio

Democracia e transdisciplinaridade: um encontro fecundo - notas a "A Subjetividade do Tempo"

Em tempos marcados pela proliferação de pesquisas *transdisciplinares* - cujo risco maior é o de se tomar o termo como palavra de ordem e, como tal, vazia de sentido - o presente texto serve de alento. O texto revela, ainda que de modo indireto, que este caminho pode ser não só promissor como necessário, tendo em vista as profundas transformações que a contemporaneidade nos tem reservado, nos mais diversos setores das teorias e práticas humanas.

Do ponto de vista dos campos do conhecimento, uma tendência vem ganhando força a cada dia: a de quebra de fronteiras nítidas entre seus domínios classificatórios (arte/ciência/filosofia), bem como entre os próprios domínios disciplinares. O termo *transdisciplinaridade* vem sendo usado para exprimir tais mudanças, apontando para um novo modo de produção de conhecimento que não se limita aos esforços de convergência de diferentes especialidades em torno de um mesmo objeto, descrito, então, sob variados enfoques - sentido mais corrente de *multidisciplinaridade*; também não se confunde com experiências de redefinição e ampliação do objeto, então colocado na fronteira de duas ou mais ciências - *interdisciplinaridade*. Ao contrário, essa nova perspectiva que vem se delineando propõe, como aposta maior, *transgredir* os limites das especialidades, atravessar e se deixar atravessar por outros saberes, *indisciplinarmo-nos*, enfim*. Tudo isso sem deixar de considerar que a pergunta pela pertinência, a nosso campo de investigação, daquilo que é proposto em outros campos, é crucial para a criação de laços fecundos com outros saberes e para uma certa desmoralização d'A ciência, uma vez que a coerência e a coexistência dos saberes é incompatível com a redução de qualquer ciência a uma visão de mundo, isto é, a idéia de que um só tipo de discurso é capaz de designar a realidade.

Tal é a aposta de *A Subjetividade do Tempo*, tanto no que diz respeito à escolha do tema, quanto no que concerne a seu tratamento. É o que lhe dá um tom bastante atual, apesar das escusas do autor - a nosso ver, dispensáveis - quanto ao *tempo* transcorrido entre sua feitura e sua publicação. Vejamos.

O tema da subjetividade tem tomado novos rumos, no quadro contemporâneo, especialmente a partir da constituição de um vasto campo de literatura genealógica** que estabelece promissoras correspondências entre formas de subjetividade e práticas culturais e disciplinares dominantes. Tais práticas são vistas como constitutivas e regulativas das formas de subjetividade. O acento dado aos modos de constituição do objeto investigado, em detrimento de qualquer suposta naturalidade deste, é um dos traços dessa nova literatura.

Tem-se, aí, um bom exemplo de como determinados temas, tanto pela postura epistêmica a partir da qual

---

* Ver a esse respeito: FIGUEIREDO, Luiz Cláudio. *Revisitando as Psicologias. Da epistemologia à ética das práticas e discursos psicológicos.* São Paulo: EDUC; Petrópolis: Vozes, 1995; D'AMARAL, Márcio Tavares. *O homem sem fundamentos. Sobre linguagem, sujeito e tempo.* Rio de Janeiro: Editora UFRJ-Tempo Brasileiro, 1995.

**A perspectiva genealógica decorre da proposta do filósofo F. Nietzsche, retomada, contemporaneamente, por M. Foucault, G. Deleuze e F. Guattari.

são tratados, quanto pela abrangência e complexidade das questões envolvidas, acabam por exigir uma perspectiva propriamente transdisciplinar. No caso da subjetividade, isto se verifica pela proliferação de historiografias de diversas ordens: da família, da sexualidade, das sensibilidades e afetos, da privatização, da psicologização, etc., bem como pela presença da psicanálise que vai, por sua vez, contemplar os aspectos subjetivos que escapam dos moldes tradicionais de racionalidade. Tudo isso tem abalado a tendência fortemente disciplinar e setorialista no campo dos estudos e pesquisas propriamente psicológicos.

A tendência transdisciplinar, acima esboçada, transparece claramente no livro de Bolzan de Morais. Atento às questões do sujeito e do desejo, o autor recorre à literatura genealógica para dar conta de como os modos dominantes de temporalização são fatores cruciais na produção de um tipo de subjetividade, avesso à emergência de Sujeito e de Desejo e incompatível, também, com o vir-a-ser democrático. Ora, falar de Sujeito e de Desejo é falar de Tempo, de uma temporalidade não-linear, irruptiva, incontrolável. É falar, portanto, de instante evanescente - quando, e somente quando, advêm Sujeito e Desejo: *Wo Es war, soll Ich werden**.

Considerar o Sujeito como algo raro, algo que advém intempestivamente para alterar as rotinas e os sentidos estabelecidos e produzir o novo, é o que permite incluir a dimensão da subjetividade como crucial para o advento de qualquer postura política democrática que se queira algo mais do que um regime de iguais, ou, utilizando as palavras do autor: *uma democracia que vai mais além de um ato simbólico de "depósito" da cidadania na urna, no momento do voto.* Estaria o autor fazendo referên-

---

* Enunciado freudiano cuja leitura, proposta por Jacques Lacan, é a de que *Onde Isso (Es) estava, Eu (Ich) deve advir.* In: FREUD, Sigmund. *Conferência XXXI: A dissecção da personalidade psíquica* (1933). Rio de Janeiro: Imago, Edição Standard Brasileira, v. XXII, p. 102.

cia, aqui, ao esgotamento de uma concepção democrática assentada na idéia de *representação*? Que conseqüências adviriam de uma política pensada fora dos limites da idéia representativa?

Como se pode ver, trata-se de um sutil afastamento do regime do *geral*, de uma aproximação crescente ao que há de mais *particular* - a subjetividade - para um retorno ao mais *universal*: uma política efetivamente emancipadora da humanidade. Descobre-se que esta política se encontra no interior do subjetivo. Mas de que subjetividade se trata? Qual a singularidade desse Sujeito da Política em face de outras configurações subjetivas? Como pensar, então, uma política condizente com o caráter intempestivo da emergência de Sujeito?

Tais são as questões a que nos remete *A Subjetividade do Tempo*, fazendo-nos aquiescer com a idéia de que o que está em jogo, sem dúvida, é a *busca de respostas para novas perguntas*. Porém, mais do que isso, defronta-nos com a indicação, ainda que tênue, de que a invenção política chamada "democracia" pode estar bem mais próxima dos caminhos da transdisciplinaridade do que até agora se supôs. Resta-nos aguardar o próximo livro...

Santa Maria, maio de 1998.

MARIA LUIZA FURTADO KAHL

Professora Adjunta do Departamento de Psicologia da
Universidade Federal de Santa Maria. Doutora em Comunicação e
Cultura (ECO/UFRJ). Psicanalista (Colégio Freudiano RJ).

Indústria Gráfica Ltda.